**Briefe
an junge Deutsche**

Miteinander sprechen ist die Brücke,
die Völker verbindet

Herausgegeben von:
F. Angern, Kl. Kleinherne, L. Munkler, W. Vetten-Schumann
in Zusammenarbeit mit
den Schülern der Klasse 10 e des Schuljahres 1981/82
am Gymnasium Hochdahl

# Briefe an junge Deutsche

Juden antworten deutschen Schülern
auf einen Leserbrief
in der Jerusalem Post

dkv-reihe

dkv · der kleine verlag · düsseldorf

© 1983 by dkv · der kleine verlag · düsseldorf

Printed in Germany
Gestaltung: Klaus Kleinherne, Hochdahl
Gesamtherstellung: Service-Druck Kleinherne KG, Düsseldorf

ISBN-Nr. 3-924166-01-3

# Inhalt

Seite

Zur Entstehungsgeschichte der „Briefe an junge Deutsche" 7

## Der Anlaß 11

Der Leserbrief v. M. B. Dessaur 12
Der Leserbrief der deutschen Schüler 13

## Die Briefe 15

Brief  1 aus Ramat-Gan, Israel 16
Brief  2 aus Tel Aviv, Israel 20
Brief  3 aus Rehovot, Israel 23
Brief  4 aus Woden Act, Australien 26
Brief  5 aus Haifa, Israel 27
Brief  6 aus Jerusalem, Israel 30
Brief  7 aus Netanya, Israel 32
Brief  8 aus Haifa, Israel 33
Brief  9 aus Mallorca, Spanien 35
Brief 10 aus St. Paul, Minnesota, USA 36
Brief 11 aus Amsterdam, Holland 37
Brief 12 aus Jerusalem, Israel 38
Brief 13 aus Tel Aviv, Israel 39
Brief 14 aus Hadera, Israel 40
Brief 15 aus Moshav Bet Yanai, Israel 41
Brief 16 aus Jerusalem, Israel 43
Brief 17 aus Mönchengladbach, Bundesrepublik 45
Brief 18 aus Haifa, Israel 49
Brief 19 aus Kiryat Bialik, Israel 51
Brief 20 aus Bath-Jam, Israel 57
Brief 21 aus Tel Aviv, Israel 59
Brief 22 aus Malmö, Schweden 60
Brief 23 aus Tel Aviv, Israel 61
Brief 24 aus Kensington, USA 63
Brief 25 aus Bedford Heights, USA 64
Brief 26 aus Holon, Israel 65
Brief 27 aus Givatayim, Israel 67
Brief 28 aus Haifa, Israel 69
Brief 29 aus Rom, Italien 70
Brief 30 aus Haifa, Israel 74
Brief 31 aus Binyamina, Israel 75

## Die Briefe von M. B. Dessaur 77

Brief 32 aus New York, USA 79
Brief 33 aus Rishon-Le-Tsion, Israel 81
Brief 34 aus Rishon-Le-Tsion, Israel 83

## Anhang 87

Buttenhausen - Beispiel einer deutschen Gemeinde und ihrer jüdischen Einwohner 89
Nationalsozialistische Judenverfolgung 1933 – 1945 91
Die Nürnberger Rassengesetze von 1935 98
Kommentar zu den Nürnberger Rassengesetzen, Auszug 99
Der „Stürmer" – ein antisemitisches Hetzblatt 100
Plakat zur „Reichskristallnacht" 102
Das Protokoll der Wannsee-Konferenz, 20. Januar 1942 103
1934: Werbung für ein „Gesellschaftsspiel" 108
1982: Eine erschütternde Wiederholung 109
Hinweise auf weiterführende Literatur 110

Zur
Entstehungs-
geschichte der
„Briefe an
junge Deutsche"

Hochdahl, im Herbst 1983

## Liebe Leser!

Wie es zu dem Buch „Briefe an junge Deutsche" kam? Es drängt uns sehr, diese naheliegende Frage in angemessener Ausführlichkeit zu beantworten. Und es würde uns geradezu begeistern, wenn diesem unserem eigenen lebhaften Bedürfnis, die Geschichte der Entstehung dieses Buches zu erzählen, bei den Lesern ein entsprechend lebhaftes Verlangen, diese Geschichte zu erfahren, gegenüberstünde! Voll Zuversicht, daß in diesem Punkt der Wunsch der Leser und unser eigener einander tatsächlich entsprechen, wollen wir uns sogleich der umfänglichen Darstellung der Ereignisse und Gegebenheiten, die unter anderem dieses Buch zur Folge hatten, zuwenden.

Zuvor noch zwei Sätze:
Um diese Darstellung möglichst übersichtlich zu gestalten, werden wir sie durch Überschriften in Abschnitte gliedern und aus der Sicht eines einzelnen – und zwar aus der Runde unserer bereits seit etwas längerer Zeit der „Erwachsenenwelt" zuzurechnender Mitarbeiter – erfolgen lassen. „Wir", das sind die Schüler der 10e des Schuljahres 1981/82 am Gymnasium Hochdahl und drei Lehrer dieser Schule.

Und damit kann und soll die Darstellung beginnen.

## Zwei Leserbriefe

Kurz vor Anbruch der Sommerferien 1981 hielt mir eines Morgens eine Schülerin einen kleinen, einigermaßen abgerissen wirkenden Zeitungsausschnitt entgegen mit der zielstrebigen Frage, ob wir „darüber" im Unterricht einmal sprechen könnten. Ich hielt in der Hand einen in englischer Sprache verfaßten Leserbrief, unterzeichnet mit „M. B. Dessaur"; ein konkretes Erscheinungsdatum war nicht auszumachen, doch konnte man dem Zettel immerhin so viel entnehmen, daß es sich um einen Ausschnitt aus der israelischen Tageszeitung „The Jerusalem Post" etwa Anfang 1981 handelte. Meine Fragen förderten zutage, daß die ältere Schwester meiner jungen Gesprächspartnerin von einer längeren Reise durch Israel diesen Leserbrief einem ihrer Briefe an ihre Familie beigefügt hatte.

Der Leserbrief des Herrn M. B. Dessaur wurde, nachdem er schriftlich übersetzt worden war – er trug die Überschrift „Beziehungen zu Deutschland" – in einer unserer fünf Wochenstunden (verteilt auf Deutsch und Geschichte) der gesamten Klasse 9e vorgestellt.

Die Diskussion, die sich daran anschloß, spiegelte deutlich die Empfindungen wider, die der Brief bei den Schülerinnen und Schülern ausgelöst hatte: neben Verwunderung, Betroffenheit und Bestürzung klangen Fassungslosigkeit und Empörung aus ihren Äußerungen. Der Satz, der letztlich diese Reaktionen hervorgerufen hatte, stand fast am Ende von M. B. Dessaurs Brief, er lautete: „Ja, ich hasse die Deutschen immer noch und alle, die mit ihnen zu tun haben". Das bedeutete für die 14–16jährigen Mädchen und Jungen der 9e nichts anderes, als daß auch sie offenbar gehaßt werden, gehaßt aufgrund von Taten und Leiden, die in ihrer Unvorstellbarkeit kein Mensch in Worten zu erfassen vermag, in einer Zeit, die die Generation der heutigen deutschen Schüler sowie die vieler ihrer Eltern nicht als ihre eigene konkrete Gegenwart erlebt haben.

Es war den Mädchen und Jungen trotz redlicher Anstrengungen in ihrer Auseinandersetzung mit diesem Artikel nicht möglich, für die radikale Haltung, die in diesem Leserbrief zum Ausdruck kam, Verständnis aufzubringen. Das Ergebnis ihres engagierten Gedanken- und Meinungsaustauschs bestand schließlich in der Frage, was sie denn selbst unternehmen könnten, diesen für sie so schwer begreiflichen Haß auf grundsätzlich „alle" Deutschen möglicherweise – kühner Gedanke – mildern zu helfen oder aber – bescheidener – ihn doch wenigstens begreifen zu lernen. Die Antwort der 9e lautete: „Wir schreiben einen Brief an die ‚Jerusalem Post'!" – Das taten sie! Und in diesem ihrem Leserbrief, der in der Klassengemeinschaft ausführlich diskutiert und schließlich verabschiedet worden war, brachten die 25 Schülerinnen und Schüler ihre grundsätzlichen Verständnisschwierigkeiten in bezug auf den von M. B. Dessaur geäußerten Haß auch jüngeren Deutschen gegenüber zum Ausdruck und baten die Leser der „Jerusalem Post" zugleich dringlich um Antwort auf die Frage, was denn getan werden könne und müsse, um solchen Haß zu überwinden.

Erfüllt von Hoffnung, aber nicht frei von Zweifeln, ob die „Jerusalem Post" ihren Brief – sie hatte ihn ins Englische übersetzt – tatsächlich veröffentlichen würde, nahm die gewesene (!) 9e sich nun der Sommerferien 1981 an.

## Briefe – Briefe – Briefe

Als die nunmehr 10e (!) nach den Sommerferien am 8. September an ihren Arbeitsplatz zurückdrängte, harrte ihrer dort eine derartige Überraschung, daß sie zunächst kaum glauben wollte, was sie da mit eigenen Augen sah: Die komplette Ausgabe der „Jerusalem Post" vom 24. August 1981 mit dem Abdruck ihres – nur wenig gekürzten – Leserbriefes! Unterzeichnet: „Marike Alberts and 24 other students of Gymnasium Hochdahl"[1]. (Die 25 Schreiber hatten ihren Brief in alphabetischer Reihenfolge unterschrieben, daher war zufällig Mareike, die erste im Alphabet, stellvertretend für alle namentlich erwähnt.)

Und darüberhinaus lag bereits ein beachtlicher Stapel von Luftpostbriefen an die Klasse vor! Die 10e war von der Resonanz auf ihre Initiative ausgesprochen beeindruckt!

Beinahe täglich kamen nun weitere Briefe an – dankbar, staunend, mitunter mit Rührung nahmen die Mädchen und Jungen es auf, wieviele Menschen jüdischen Glaubens, Frauen und Männer, fast alle Angehörige der älteren Generation, in verschiedenen Teilen der Welt sich der Mühe unterzogen hatten, ihnen auf ihre Fragen eigene, persönliche Gedanken, Ansichten und Antworten geduldig, sachlich und mit viel Verständnis für ihre jungen Adressaten mitzuteilen. Auch Herr Dessaur hat der Klasse geantwortet. Auch seine Briefe, es waren drei – ein erster an die ganze Klasse, ein zweiter an die drei Schülerinnen, die ihm für seinen ersten gedankt hatten, und ein dritter an eine einzelne Schülerin – haben tiefen Eindruck bei den jungen Menschen hinterlassen.

Jeder einzelne der insgesamt vierunddreißig Briefe hat auf seine individuelle Weise den Mädchen und Jungen Antwort gegeben, und alle Antworten zusammen stellen einen solchen Reichtum an menschlichem Ringen um menschenwürdiges Miteinander dar, daß den Schülerinnen und Schülern der 10e – und nicht nur ihnen! – in der Auseinandersetzung mit den Gedanken ihrer Korrespondenten sehr bald bewußt wurde, daß sie diese Briefe auch anderen – Jüngeren, Gleichaltrigen und Älteren in und außerhalb der Schule – zugänglich machen müßten.

Die Frage, wie man diesen Gedanken in die Tat umsetzen könnte, und erst recht die Antworten, die wir, die 10e und, außer mir, mittlerweile zwei weitere sehr interessierte Kollegen, darauf fanden, ließen noch auf lange Zeit hinaus die Briefe im Mittelpunkt des Bewußtseins und der Arbeit unserer Gruppe stehen.

## Eine kurze Unterbrechung für einen Blick auf das, was noch geschah

Der Geschichts- und Politikunterricht in der 10e, dessen Erteilung rein zufällig in einer, meiner, Hand lag und der nun für einen gewissen Zeitraum eine Art Projektcharakter anzunehmen begann, bot in der Folgezeit sowohl den Rahmen für eine eingehende inhaltliche Behandlung der in den Briefen angesprochenen Gegenstände und Gedanken zur deutschjüdischen Vergangenheit und Gegenwart als auch teilweise den Rahmen für die sehr wichtige praktische Seite unseres gemeinsamen Unternehmens.

Hierzu gehörte beispielsweise, daß die Schüler sich einzeln oder in Gruppen, in deutscher oder englischer Sprache – die meisten Antwortbriefe waren in deutscher Sprache verfaßt – im Namen der Klasse bei jedem einzelnen Absender sowie auch bei der „Jerusalem Post" bedankten. Hieraus entwickelte sich dann in mehreren Fällen ein zum Teil sehr reger Briefkontakt, der bis heute besteht und nebenher die Hoffnung nährt, daß man sich in naher oder ferner Zukunft vielleicht auch einmal besuchen wird.

Doch auch bisher ist es bei Briefkontakten alleine nicht geblieben. Dreimal hatte in den folgenden Monaten die Klasse die Freude, den Besuch von verschiedenen Brief-Autoren aus Israel in unserer Schule zu erleben. Es war jedes dieser Gespräche in kleiner Runde und persönlicher Atmosphäre (Kuchen, Tee und Kerzen haben zur „Erwärmung" beigetragen) ein weiterer kleiner Schritt zu Verständnis und zu neuen Fragen hin. Darüberhinaus bestehen inzwischen auch Kontakte zu einer Jugendgruppe der jüdischen Gemeinde in Düsseldorf – sie feiern miteinander, sie besuchen einander, sie arbeiten allerdings (noch?) nicht miteinander . . .

Und je mehr Zeit verstreicht, desto intensiver denken die Schüler auch nach über die Realisierbarkeit einer Oberstufenfahrt nach Israel . . . Am intensivsten aber befaßten sie sich nach wie vor mit den Briefen selbst und mit der als selbstverständlich erachteten Aufgabe, diese Briefe möglichst vielen anderen nahezubringen.

---

[1] Marike Alberts und 24 Mitschüler des Gymnasiums Hochdahl

## Eine Ausstellung und ein Buch

Die 10e beschloß, die Briefe in Form einer Ausstellung zu zeigen. Sie ging davon aus, daß eine solche Veröffentlichung auch im Sinne der Verfasser sei, Sätze wie „Auch Ihr schweigt nicht" und „Sprecht darüber in der Schule" stärkten sie in ihrer Ansicht. Und kein Absender verweigerte auf ihre schriftliche Anfrage hin seine Zustimmung, und auch ihren Bitten um Fotos für die Dokumentation wurde in vielen Fällen freundlich entsprochen. Da aber in einer Ausstellung nicht vierunddreißig Briefe, sondern lediglich ein Teil derselben vorgestellt werden kann, sollte gleichzeitig durch den Abdruck in einer Broschüre der Zugang zu allen Briefen ermöglicht werden.

Unterstützung bei ihrem Vorhaben erhielten die Schüler konkret zunächst durch ihre drei erwachsenen Mitarbeiter. Um die Ausstellung für eine größere Öffentlichkeit wirksamer gestalten und die Broschüre überhaupt drucken zu können, waren beispielsweise – trauriges Faktum – finanzielle Mittel erforderlich. Diese suchten wir uns zu beschaffen, indem wir uns an Institutionen wandten, von denen wir annehmen mußten, daß auch sie an der Durchführung unserer Absichten interessiert seien, u. a. gehörten dazu die Israelische Botschaft in Bonn, die Bundeszentrale für politische Bildung, gleichfalls in Bonn, sowie die Landeszentrale für politische Bildung in Düsseldorf.

Nachdem in der Schule – inzwischen wurde mit der Gruppe beinahe ausschließlich nachmittags gearbeitet – ein Entwurf für die erste Ausstellungstafel nach unseren Vorstellungen entwickelt worden war, wurde eine Zeitlang viel gereist – mit PKW und Bundesbahn, mit Schülern und ohne Schüler, von Hochdahl nach Bonn und von Bonn und Düsseldorf nach Hochdahl, und das alles in mehrfacher Wiederholung – und lange Gespräche wurden geführt. Man erklärte sich am Ende allseitig bereit, uns einen bestimmten Betrag für die Broschüre und die Ausstellung zur Verfügung zu stellen unter der Bedingung, daß wir die Ausstellung als Wanderausstellung konzipierten. Dankbar akzeptierten wir – und machten uns wieder an die Arbeit. Eine Wanderausstellung. Wir haben wenig Erfahrung, viele Kontakte sind nötig – die Israelische Botschaft hilft, wo sie kann – es dauert lange; aber die Ausstellung wird fertig.

Nicht so die Broschüre – die Druckkosten für eine uns sinnvoll erscheinende Anzahl von Exemplaren lagen jenseits unserer Möglichkeiten! „der kleine verlag · düsseldorf", mit seiner verlegerischen Tätigkeit der gleichen Zielsetzung verpflichtet wie mit ihrem Engagement die Schüler der 10e, sprang ein und verhalf damit – durch Übernahme der Finanzierung und durch Mitarbeit eines seiner Verleger als Herausgeber – der Sammlung zu einer Gestaltung, die geeignet erscheint, die Aufmerksamkeit, die den hier vorgelegten Dokumenten ansteht und die wir ihnen ernst und herzlich wünschen, auch äußerlich zu wecken.

## Dank

Allen, die uns in irgendeiner Form geholfen haben, die unsere Arbeit geduldig mitgetragen und -ertragen haben, die übersetzt, geschrieben, korrigiert und nachgetragen haben, sei an dieser Stelle herzlich gedankt.

Ganz besonderen Dank sagen wir an dieser Stelle noch einmal den Verfassern der Briefe, die in ihrem Bemühen, die Fragen von 25 jungen Menschen zu beantworten, möglicherweise sehr vielen anderen einen Anstoß zu neuem oder tieferem Nachdenken gegeben haben.

*Lydia Munkler*

**Anmerkung des Verlages**
Namen, Anschriften und Telefonnummern sind bei einem Teil der Briefe auf verständlichen Wunsch hin unkenntlich gemacht worden. Die Anschriften sind dem Verlag bekannt.

Der Anlaß

# Leserbrief des M. B. Dessaur

*Aus der Jerusalem Post*

*Anfang 1981*

## ...LATIONS WITH GERMANY

*To the Editor of The Jerusalem Post*

Sir, — Hurrah for Lotte Pinter ("Visiting the camps" — January 4). Although I would not go as far as she does in order not to promote Israeli tourism to Germany, I can understand her call for organized tours to Dachau and Bergen-Belsen for Sabras who admire Germany. However, my proposal would be for film screenings with lectures in order to stop Israeli tourists from going to Germany for any reason.

The relationship between Israel and Germany is a puzzle to me. Very little has changed in Germany: neo-Nazism and anti-Semitism are still thriving there. Most of the European "help" to the PLO comes from Germany; Helmut Schmidt won't visit Israel.

Another enigma to me is the popularity of German-made products in Israel. I always ask people who buy them why they do so. The answer is invariably because they are good. To which I answer I know German-made products are good. I've never heard of a gas chamber which did not work.

Yes, I still hate the Germans and all those who deal with them. Not only did they massacre six million Jews, they also destroyed many more lives in a variety of ways.

M. B. DESSAUR
Rishon Lezion.

---

**Übersetzung**

**Beziehungen zu Deutschland**

An den Herausgeber der Jerusalem Post

Hurrah für Lotte Pinter („Auf Besuch im Lager" – 4. Jan.)

Obwohl ich nicht so weit wie Sie gehen würde, den israelischen Tourismus nach Deutschland nicht zu unterstützen, kann ich Ihre Forderung nach organisierten Reisen nach Dachau und Bergen-Belsen für Israelis, die Deutschland bewundern, verstehen. Ich meinerseits würde hingegen Filmvorführungen zusammen mit Vorträgen vorschlagen, um israelische Touristen davon abzuhalten, aus welchem Grunde auch immer nach Deutschland zu reisen.

Das Verhältnis von Israel zu Deutschland ist mir ein Rätsel. In Deutschland hat sich wenig geändert: Neonazismus und Antisemitismus sind immer noch voll im schwange dort. Der Hauptanteil der europäischen „Hilfe" für die PLO kommt aus Deutschland; Helmut Schmidt will Israel nicht besuchen.

Ein anderes Rätsel ist mir die Beliebtheit deutscher Erzeugnisse in Israel. Ich frage immer die Leute, die sie kaufen, warum sie es tun. Die immer gleiche Antwort lautet, weil sie gut sind. Worauf ich antworte, ich wisse, daß deutsche Erzeugnisse gut seien. Ich habe noch nie von einer Gaskammer gehört, die nicht funktionierte.

Ja, ich hasse die Deutschen immer noch und alle, die mit ihnen zu tun haben. Sie haben nicht nur 6 Millionen Juden massakriert, sie haben darüberhinaus auf vielfältige Weise noch viel mehr Leben zerstört.

M.B. Dessaur.

# Reaktion: Leserbrief der Schüler

  **THE JERUSALEM POST**

## GERMAN YOUTH

*To the Editor of The Jerusalem Post*

Sir, — We are pupils of a German grammar school, aged 14 to 16 and living in the Dusseldorf area. We have just read a letter which appeared in *The Jerusalem Post* a few months ago. In it, M.B. Dessaur writes: "Yes, I still hate the Germans and all those who deal with them."

We know that the Nazi crimes inflicted unimaginable sufferings on the Jews. But we are astonished that feelings of hatred like those mentioned in Dessaur's letter are transferred to all Germans, even to young people like us. At the time of the Nazis, we were not yet born and therefore our generation cannot be blamed for the Nazis' crimes.

We are dismayed and wonder what is necessary to overcome this hatred.

MARIKE ALBERTS
and 24 other students of
Gymnasium Hochdahl

Erkrath, Germany.

---

**Übersetzung**

**Deutsche Jugend**

An den Herausgeber der Jerusalem Post

Wir sind Schüler eines deutschen Gymnasiums, 14 bis 16 Jahre alt und wohnen in der Nähe von Düsseldorf. Wir haben soeben einen Brief gelesen, der vor einigen Monaten in der „Jerusalem Post" erschienen ist. In diesem schreibt M.B. Dessaur: „Ja, ich hasse die Deutschen immer noch und alle, die mit ihnen zu tun haben. Sie haben nicht nur 6 Millionen Juden massakriert, sie haben darüberhinaus auf vielfältige Weise noch viel mehr Leben zerstört!"

Wir wissen, daß die Verbrechen der Nazis den Juden unvorstellbare Leiden zugefügt haben. Doch sind wir verwundert, daß Haßgefühle, wie sie in Dessaur's Brief zum Ausdruck kommen, auf alle Deutschen übertragen werden, sogar auf junge Menschen wie uns. Während der Nazizeit waren wir noch nicht geboren, und deshalb kann unsere Generation nicht für die Naziverbrechen verantwortlich gemacht werden. Wir sind bestürzt und möchten gerne wissen, was zu tun ist, um diesen Haß zu überwinden.

Marike Alberts und 24 Mitschüler des Gymnasiums Hochdahl

Erkrath, Deutschland

# Die Briefe

James Springer,
Israel / Ramat-Gan
26.8.81.

Liebe MARIKA und Mitstudenten ,

Auf Ihren Leserbrief an die "JerusalemPost" habe ich einen doppelten Grund zu antworten. Erstens einmal in meinem Namen, und zweitens in Bezug auf Herrn M.B. Dessaur.
Auf seinen ( Dessaur's) Leserbrief habe ich mich mit ihm schriftlich in Verbindung gesetzt, nachdem ich durch die Jerus. Post seine Privat-Adresse erfahren hatte. Mr. Dessaur ist ein sehr fleissiger Briefschreiber, mit dem ich seit damals in regelmaessiger Korrespondenz stehe. Mittelpunkt unserer Auseinandersetzungen ist die deutsch-iraelische oder viel besser gesagt die deutsch-juedische Katastrophe. Mr. Dessaur ist vollgesogen mit antideutschen Gefuehlen, die nicht er- sondern jene erzeugten. Spaeter will ich Innen mehere Sentenzen, die er mir schrieb- wiederholen. Der moralische Absturz der deutschen Nation- der deutschen Kultur- der deutschen Zivilisation, die grauenhafte Verhoehnung aller menschlichen Werte und Rechte- die zynische Verdummung eines 60 Millionen-Volkes- das nicht merkte oder nicht merken wollte, was mit ihnen geschah. Die Bereitschaft aller und das fast voellige Fehlen eines Widerstandes, all dies erfuellt diesen Mann ( und mit ihm tausende und tausende anderer) mit dem tiefsten Abscheu. Dazu natuerlich die masslose Enttaeuschung, dass gerade Deutschland...
Sein Hass ist aber nicht nur gegen Deutschland ausgerichtet, nein- er schliesst nicht seine juedischen Brueder aus, die deutsche Gueter kaufen, mit Deutschland Geschaefte machen. Er ist fuer die totale Ausschliessung Deutschlands aus dem israelischen Denken. Natuerlich weiss er- und er ist intelligent genug- dass das nicht geht.
Liebe Marika ( plus 24)- ich diskutiere- schriftlich- unentwegt und plaediere nicht fuer eine Vergeben und nicht fuer ein Vergessen, wohlwissend dass das nicht geht. Ich plaediere fuer ein NEUBEGINN, fuer ein vorsichtiges ( wachsmes) Anbahnen.
Er ist der Meinung, solange Menschen leben, die einmal in einm K.Z. waren, solange es Menschen gibt, die einmal zu dieser Gruppe UNmenschen

gehoeren koennten, solange es Menschen gibt, die eine eingebrannte
Nummer auf dem Arm haben, solange sei das Volk in dessen Land diese
Dinge geschahen solange sei dies Volk geaechtet.
Einem Mann- der vielleicht als Einziger einer grossen Familie auf
dieser Erde wandelt- kann man kaum diese Einstellung verargen.
Er weiss nicht, wie alle aus seiner Familie umkamen. Verhungert? Vergast? Erschossen? Von Hunden zerfleischt? Zu Tode gepruegelt?
Er lebt, hat eine Familie, seine schon erwachsenen Kinder, wie er
schreibt, teilen seinen Hass nicht- er ist nur und lediglich in der
deutschen Frage von absoluter Unversoehnlichkeit.
E r wundert sich gar nicht ueber den Neonazismus- er wundert sich gar
nicht ueber die, allem Rechtssinn spottenden , leichten Urteilen in
den Prozessen gegen die alten Verbrecher und deren heutigen Nacheiferern.
Wenn es in Deutschland einen kraeftigen ( mit HIRN und FAUST)
ANTINAZISMUS, gaebe, wenn man von ganz oben herab, allen Neonazis
die buergerlichen Rechte absprechen wuerde, wegen antideutscher
Aktivitaet, dann wuerden Leute wie eben unser Herr Dessaur, gerne
bestaetigen, dass Deutschland auf dem rechten Wege ist.
Man komme mir nicht mit einem Vergleich mit Amerika, dort gaebe es
den Ku Klux Klan. Die gibt es schon seit ueber 1oo Jahren - und sind
abgesehen von ein paar Untaten- ein Verein fuer die Unterstuetzung der
Bettlaken-Industrie.
Spass beiseite. Nichts in der Geschichte der Menschheit laesst sich
vergleichen mit der spitzfindig ausgekluegelten Mordmaschinierie
des 1oojaehrigen Reiches. Nichts laesst sich vergleichen mit der
politischen Blindheit des deutschen Volkes. Die Juden stellten 1932
1 % der Gesamtbevoelkerung Deutschlands dar. Wenn nun die Goebbels und die
Streichers- und die Hitlers und die andern alle nun behaupteten,
dass die Juden dort und dort und dort ganz oben sitzen- welch ein
Armutszeugniss sie dann den 99% ausstellten. Haben Eure Eltern den
Unsinn unn den Widerspruch nicht gemerkt? Juedischer Sozialismus-
juedischer Kommunismus - juedischer Kapitalismus. Habt Ihr- die Ihr
so viel Philharmonische Orchester habt, habt Ihr die falschen Toene
nicht gehoert? Trotzdem- trotzdem glaube ich- es geht vorwaerts.
Aufgepasst- nicht stolpern, Phrasendreschern- einen Tritt in den
Allerunwertesten.
 Auf dem 2ten Blatt, liebe Marika- welch entzueckender Name- einige
Auszuege aus Briefen des Herrn DESSAUR an    Eurer mit SCHALOM gruessenden

ehemalige "BERLINER"

Blatt 2 - Auszuege aus Briefen des Herrn Dessaur
er schrieb mir- of course in english ..

" As long as the generation of killers is still alive, and as long as this generation of sufferers is still around, I will not make peace with Germany and Germans, and I still look at anyone over the age of 45 as the possible killer of my grandparents, Aunts and Uncles —— —— ——
We have gone through so much in our past that I do not want to belong to the " chosen" people anymore, if that is the reward the chosen people get. LET THE LORD CHOOSE SOMEBODY ELSE FOR A CHANGE."
I believe it will be hard n o t to have normal international relations with Germany, I simply protest the abnormally friendly relation we have with them.
When I still lived in Holland there were some people who actually told me: No wonder you Jews still suffer, after all you did murder Chris
If that is the case, I feel totally comfortable th hate the sons and the daughters of the Germans butchers.

I agree with you ( so Mr. Dessaur worte to me), that the quality of german producta is very good, the best. I've never heard of a gaschamber which did not work or about a cremation-oven which broke down.
Or : The black people in America suffered too, but never they were butchered ( en mass) _____
About Neonazism: Neo-Nazism is still there, one should have seen the burial of Admiral Doenitz. They did not have even the grace to change the name of "Volkswagen", the name Hitler chose for his brainchild. Are they repenting? No, Sir, they are, till this day arguing the fact, they are books to prove this. They did not even believe the T.V. Series " HOLOCAUST" which to my mind was even over-simplifying the facts. I was there, I nearly died from malnutrition, I know them well and I never saw a good or kind one among them...

How many from the total population of 6o Millions showed real, sorrow? What did Germany do to protect the remnant of the Jewish People? Gladly they will sell us out for oil, any time.

So far some remarks by Mr. Dessaut, in some of the letters I received. His remarks about his own, the jewish, people are not less bitter *He is a honest man.*

**Übersetzung**

„Solange die Generation der Mörder noch lebt, und solange die Generation derer, die gelitten haben, noch existiert, möchte ich keinen Frieden mit Deutschland und den Deutschen haben, und ich betrachte immer noch jeden über 45 als den möglichen Mörder meiner Großeltern, Tanten, Onkel ...

Wir haben so vieles durchgemacht in unserer Vergangenheit, daß ich nicht mehr zu dem „auserwählten" Volk gehören möchte, wenn das die Belohnung ist, die das auserwählte Volk erhält. Dann soll Gott zur Abwechslung mal einen anderen auswählen."

-----

Ich glaube, es wird schwierig sein, keine internationalen Beziehungen zu Deutschland zu haben, ich wehre mich lediglich gegen die unnatürlich freundlichen Beziehungen, die wir zu ihnen pflegen.

-----

Als ich noch in Holland lebte, waren da einige Leute, die mir tatsächlich sagten: Kein Wunder, daß Ihr Juden immer noch leidet, immerhin habt Ihr ja Christus ermordet. Wenn das so ist, fühle ich mich ganz wohl bei dem Gedanken, die Söhne und Töchter der deutschen Schlächter zu hassen.

-----

Ich stimme Ihnen zu (schrieb mir Herr Dessaur), daß die Qualität der deutschen Produkte sehr gut ist, die beste. Ich habe noch nie von einer Gaskammer gehört, die nicht funktionierte, oder von einem Krematoriumsofen, der zusammengebrochen ist.

-----

Oder: Die Schwarzen in Amerika haben auch gelitten, aber sie sind nie in großer Zahl niedergemetzelt worden.

-----

Über den Neonazismus: Es gibt den Neonazismus immer noch, man hätte die Beerdigung von Admiral Dönitz sehen sollen. Sie besaßen nicht einmal den Anstand, den Namen „Volkswagen" zu ändern, den Namen, den Hitler für sein geistiges Kind auswählte.

-----

Bereuen sie? Nein, mein Herr, bis auf den heutigen Tag argumentieren sie über die Tatsache, es gibt Bücher, die dies beweisen. Sie haben nicht einmal der Fernsehserie „Holocaust" geglaubt, die in meinen Augen die Fakten sogar arg vereinfacht. Ich habe alles erlebt, ich bin beinahe an Unterernährung gestorben, ich habe sie gut gekannt, und ich habe nie einen Freundlichen unter ihnen getroffen ...

Wie viele der 60 Millionen haben echten Kummer gezeigt? Was hat Deutschland getan, um die übriggebliebenen Juden zu schützen? Sie verkaufen uns jederzeit gerne gegen Öl.

-----

So weit einige Bemerkungen des Herrn Dessaur aus einigen der Briefe, die ich erhielt. Seine Bemerkungen über sein eigenes, das jüdische Volk, sind nicht weniger bitter.

Er ist ein ehrenwerter Mann.

Tel Aviv, 24.8.1981

Meine liebe Marike Alberts,

Ich las in der "Jerusalem Post" Ihren und den Ihrer Mitschüler veröffentlichen Brief, der mich sehr berührte.

Erst einmal möchte ich Ihnen Allen erklären, dass der Hass, der im Lande gegen das Deutsche Volk gerichtet ist, natürlich nur die Generationen betreffen kann, die zur Zeit der Nasi-Regierung gelebt und teilgenommen haben. Es ist daher ganz selbstverständlich, dass Sie im Alter von 14 bis 16 Jahren überhaupt nicht gemeint sind.

Es ist meiner Meinung unverantwortlich, dass jemand wie M. B. Dessaur einen Artikel (den ich leider nicht gelesen habe) schreibt, der Sie glauben lässt, Sie in Ihrer Generation und auch ältere Leute müssten für die vergangenen Fehler Ihres Volkes verantwortlich sein.

Ich möchte Ihnen nun folgendes erklären:

Die Israelis und auch andere Juden die in anderen Ländern leben, hassen natürlich diejenigen Deutschen die zur Zeit der Nasiregierung in Deutschland, Österreich, Tchechoslovakei und umliegenden Ländern die Juden verfolgt, in Lager gebracht und misshandelt haben und sie um ihr ganzes Vermögen gebracht haben.

Ich glaube dass dieser Hass zu verstehen ist.

Aber: Man muss, wenn möglich und es ist nicht leicht, den Unterschied machen können, wer zu beschuldigen ist und wer nicht.

Um ein Verständnis für diese Tatsachen zu erreichen möchte ich Ihnen meine persönliche Geschichte als Beispiel bringen:

Ich wurde im Ersten Weltkrieg in Danzig geboren und lebte dort bis zum August 1940. Zu dieser Zeit wurde mit Genehmigung und einer Zahlung an die Behörden eine Gruppe gebildet, die (im Krieg!) nach Palestina auswanderte. Natürlich fuhren wir mit nur einem Koffer und DM. 10.- und liessen unseren gesamten Besitz zurück. Jedoch: wir kamen mit unserem Leben, unbeschädigt davon. In Palestina erlaubten des Engländer, die das Land unter Mandat verwalteten, die Einreise, die illegal war, nicht und sandten uns für beinahe 5 Jahre in ein Lager auf der Insel Mauritius im Indischen Ocean, so dass wir erst im August 1945 ins Land zurückkamen.

Nun können Sie sich vielleicht vorstellen, dass alle meine „Reisegenossen" genug gelitten hatten, so dass sie sicher nach Beendigung des Zweiten Weltkrieges genug vom Deutschen Volk hatten und keinerlei Liebe oder Verbindung mit Deutschen suchten. Ich persönlich würde nie wieder die Deutsche Grenze oder Deutschen Boden betreten. Ich reise sehr viel in Europa, aber immer vermeide ich die Grenzen, die mich dazu bringen könnten, mit Deutschen in Verbindung zu kommen.

Ich möchte Ihnen sagen, dass ich und viele der Juden, die diese Zeit auf solche Art verbracht haben, es streng vermeiden mit Deutschen zu sprechen, oder nur ihnen die Hand zu geben, die: Im Krieg als Soldaten, als SA oder SS gedient haben, d.h. ca. im Alter von 50-60 Jahren sind. Ebenfalls mit jüngeren Leuten, die in der Hitlerjugend von ca. 1933 an erzogen wurden.

Was ich Ihnen klar machen wollte, ist, dass man einen festen Strich zwischen Leuten im oben erwähnten Alter und denen, die später geboren wurden, ziehen muss.

Und dieser letzte Satz sollte Ihnen als Richtlinie dienen: Selbstverständlich ist niemand zu hassen und zu beschuldigen, der zu jener Zeit noch nicht geboren war.

Ich bitte Sie, die Ausführlichkeit und die Länge des Briefes zu entschuldigen, aber alles, was ich schrieb, lag mir lange auf dem Herzen und es freut mich, es endlich einmal erklären zu können.

Zum Schluss zu Ihrer Frage, was zu tun wäre.

Selbstverständlich ist die Lösung: eine Annäherung der Deutschen Jugend an die Unsere. Denn Jugend hat doch gemeinsame Interessen.

Es kommen oft Volontäre, die hier in ihren Ferien auf dem Land arbeiten, ich finde das eine sehr gute Gelegenheit, sich kennen zu lernen, sich zu verstehen und eine bessere Welt aufzubauen.

Es freut mich sehr, dass Sie diesen Brief hier veröffentlichen und wünsche Ihnen allen besten Erfolg.

Ich verbleibe mit besten Grüssen
Ihr

▬▬▬▬▬▬▬▬▬▬
▬▬▬▬▬▬▬▬▬▬
▬▬▬▬ Tel Aviv
Israel

**GAD HUGO** ▬▬▬  Rehovot, 26. August, 1981.  נד הונו סלע

76 468 R e h o v o t
I s r a e l

Frl.
Marike A l b e r t s ,
Gymansium Hochdahl,
Erkrath bei Düsseldorf
West-G e r m a n y .

Sehr geehrtes Frl. Alberts !

    In der " Jerusalem Post " vom 24.August,1981 lese ich mit Bestürzung Ihren Brief an die Redaktion, in dem Sie sich über einen Brief eines Herrn M.B. Dessau beklagen, der schrieb, dass er noch immer die Deutschen hasse und alle Menschen, die mit ihnen in Verbindung stehen."

    So darf ich mich auch zu denen zählen, die von ihm gehasst werden, was absolut keine Rolle spielt. Ich lege diesem Brief zwei Ausgschnitte aus der israelischen deutschen Zeitung bei, aus denen Sie sehen können, dass nicht alle Israelis Dessau's Ansichten haben, im Gegenteil. Jedes Jahr kommen Tausende von deutschen Touristen und Studenten und Schüler nach Israel und ich glaube nicht, dass <u>Einer</u> von ihnen hier persönlich angegriffen oder beleidigt wurde.

    Ich kenne die Motive Herrn Dessau's nicht, vielleicht hat er persönlich bittere Erlebnisse hinter sich, was aber noch immer keine Berechtigung für seine dummen Bemerkungen ist.

    In den Jahren 1967-1970 und 1974-1977 war ich Attaché an der Botschaft Israels in Bonn und meine Frau und ich haben viele Freunde unter jungen Deutschen erworben. Erst vor kurzer Zeit waren ein junges Paar aus XXXXXXXXXXX Konstanz für einen Monat unsere Gäste und wir fahren jedes zweite Jahr auf Wanderurlaub in die Vulkaneifel.

    Entnehmen Sie, bitte, aus meinem Brief und den Zeitungsartikeln, dass es viele Israelis gibt, die für die Verständigung unserer Jugend mit der deutschen Jugend tätig sind, dazu gehöre auch ich. Es wäre nett, wenn Sie meinen Brief mit ein paar Zeilen bestätigen würden.

*Mit besten Grüssen*

*Anlagen.*

*P.S. Ich bin Rentnier!*

ISRAEL NACHRICHTEN

# Deutschland nach »Holocaust«

Am 24. Oktober 1978 nahm ich zu einem Bericht des israelischen TV-Reporters in Bonn Stellung, der meiner Meinung nach in seiner Demagogie und Verzerrung ein falsches, negatives Bild von der Jugend des heutigen Deutschlands gebracht hatte. Nach Veröffentlichung dieses Artikels in den „Israel Nachrichten" bekam ich eine Menge von zustimmenden Telefonanrufen und Briefen, einige von in Israel weilenden deutschen Touristen, die meisten aber von Israelis.

Nur zwei Herren, ein Herr Benjamin JEREMIAS aus Naharia und ein Herr Manfred ROTHSCHILD aus Zfat fanden es für richtig, meinen Bericht zu kritisieren. Ich hatte in meinem Artikel natürlich nicht übersehen, dass die Reportage des israelischen Reporters in Bonn ein Bericht über den Neo-Nazismus in Deutschland sein sollte. Ich fand aber die Art der Berichterstattung des Herrn Michael Karpin, des TV-Reporters, in der Hinsicht falsch und verzerrt, dass sie den Eindruck erweckte, dass die meisten jungen Deutschen der Nazikrankheit verfallen seien.

Herr Jeremias riet mir „nicht nur Israel-Fans und kirchliche Kreise zu besuchen"; bevor er dies schrieb, hätte er doch meinen Bericht aufmerksamer lesen sollen. Er hätte daraus lernen können, dass ich drei Jahre lang an der Israel-Botschaft in Bonn arbeitete, dass mich meine Arbeit ständig durch ganz Deutschland führte und mich mit verschiedenen Kreisen der Bevölkerung in Berührung brachte.

### Briefe beantworten

Ich begrüsse es sehr, dass Herr Jeremias selbst für Versöhnung der jungen Deutschen und jungen Israelis tätig ist, ich bedaure es nur, dass er es für richtig findet, zu schreiben, dass für ihn die Beantwortung vieler schriftlicher Freundschaftsbeweise zu kostspielig ist. Unbeantwortete Briefe verursachen Missbehagen und Schaden. Ich selbst spare auf diesem Gebiet keine Ausgaben, die Sache ist mir zu wichtig!

Auch Herr Rothschild betont ausdrücklich, dass er für Versöhnung ist. So denken wir also alle drei im gleichen Sinne, was sehr zu begrüssen ist. Aber meine positive Kritik an einer schlechten Reportage zum Anlass zu nehmen, selbst an dieser Kritik in scharfen Worten zu nörgeln, gleichzeitig aber damit mir an dem Hauptziel, versöhnend zu wirken, einverstanden zu sein, ist mir einfach unverständlich.

Ich habe mit dieser — für mich abschliessenden Antwort — absichtlich bis nach der „Holocaust"-Sendung gewartet. Ich wollte zuerst die Reaktion darauf der deutschen jüngeren und jungen Generation wissen.

Zu meiner Freude gab mir diese Reaktion keinen Anlass, meine positive Einstellung zu den jungen Deutschen zu ändern, im Gegenteil: Die Heftigkeit dieser jungen Generation in ihrer Stellungnahme zu „Holocaust" ist stark und umfassend. Sie richtet sich gegen die scheusslichen Naziverbrechen, aber auch gegen ihre Eltern und Aelteren. Nur wenige junge Menschen hatten daran auszusetzen, dass man „Holocaust" aufs Programm setzte, nur Wenige hielten die Nazimethoden fuer richtig.

### Tausende Telefonanrufe

Vor mir liegt ein Ausschnitt aus der „Bonner Rundschau" vom 25.1.79. Er ist zu lange, um ihn wiederzugeben. Aber er ist — von der jüdischen Warte aus gesehen — bejahend, indem er das begangene Unheil verurteilt und bedauert. Dieser Ausschnitt aus der Bonner Zeitung erzählt von tausenden von Telefonanrufen, mit denen die TV-Studios im Raume Köln Tage und Nächte überflutet wurden. Die grosse Mehrzahl der Anrufenden war erschüttert und aufgewühlt, war böse und entsetzt. Die jüngere und junge Generation wusste zum Grossteil bis jetzt nicht, welche abscheulichen Verbrechen in den Jahren 1933 bis 1945 begangen wurden. Die Tatsache, dass „Holocaust" überhaupt auf den Bildschirmen gezeigt wurde, ist sehr zu begrüssen. Die Lücken der Lehr- und Geschichtsbücher, die die ältere Generation absichtlich gelassen hatte, werden von dieser Sendung ausgefüllt.

In einem Brief, den ich von jungen Deutschen vor einigen Tagen erhielt heisst es u.A.:

„Seit Montag beschäftigen wir uns mit „Holocaust", und wenn ich auch durch viele Gespräche mit Dir gut informiert bin, so muss ich doch sagen, dass mich das entsetzliche Geschehen um die Familie Weiss (stellvertretend fuer so viele Familien) so bewegt, dass ich nachts aufwache und dann nur schwer wieder einschlafen kann... Gestern kam ich endlich telefonisch durch, um zu sagen, dass Film und Diskussion unsere volle Zustimmung haben, dass ich hoffe, dass der Film auch dazu beiträgt, die Menschen in Israel und ihr Handeln besser zu verstehen. Unsere Vergangenheit nimmt uns niemand ab.

Ich habe auch gesagt, dass ich Euer Land kenne, dass die Menschen dort grossherzig verzeihen — aber nicht vergessen können und wollen, was ja wohl gut verständlich ist."

Seit „Holocaust" hat sich das Antlitz Deutschlands verändert. Niemand kann mehr sagen: „Ich wusste nichts davon!"

Die jüngere Generation wusste wirklich nichts davon, die ältere tat so, als wusste sie nichts und verschwieg es auch der jungen. Jetzt wissen es alle — und das ist gut so!

Die aelteren Deutschen verstehen, dass wir ihnen gegenüber misstrauisch sind und es auch bleiben. Die jungen Deutschen aber, die an den Sünden ihrer Väter und Mütter schuldlos sind, sollen wissen, dass unsere jungen Menschen ihre Freunde sein wollen und es vielfach sind.

Dabei mitzuhelfen sollen Sie, Herr Jeremias, und Sie, Herr Rothschild, wie auch alle Israelis, die guten Willens sind, mit mir zusammen versuchen.

GAD HUGO SELLA
(Rechowot)

Anm.d. Red. Wir bringen die Zuschrift des Herrn Sella hiermit unverändert und ungekürzt zum Abdruck. Ich moechte aber hinzufügen, dass darin auch wieder durch Verallgemeinerungen einem Teil der aelteren Generation Unrecht getan wird. Es gab und gibt sehr viele ältere Deutsche, die keineswegs „taten, als wuessten sie nichts" — angefangen von Konrad Adenauer über Axel Springer, Küstermeier und Erich Lueth bis Willy Brandt u.v.a. Auch ihre Rolle darf man nicht vergessen, noch auch die Tatsache, dass hunderte Filme und Dokumentationen über das Thema Holocaust hergestellt wurden, die aber nicht die Durchschlagkraft der amerikanischen TV-Serie hatten. A.S.

# Zu: Neo-Nazis in Deutschland

Am 9. Oktober 1978 brachte das israelische Fernsehen einen Bericht seines Reporters in Bonn über „Neo-Nazismus im heutigen Deutschland".

Dieser Bericht wurde in einer verzerrten, ausgesprochen demagogischen Art zusammengestellt und ich muss dagegen energisch protestieren.

Diese Art der Berichterstattung erweckt den Anschein, dass im heutigen Deutschland Aufmärsche von Nazis an der Tagesordnung sind, dass die Jugend Deutschlands in grossen Mengen zu dieser Bewegung der Neo-Nazis strömt und die Gefahr eines neuen (Nazi-) Reiches vor der Tür steht.

Ich war von 1974 bis 1977 als Attaché an der Botschaft des Staates Israel in Bonn tätig. Meine Tätigkeit führte mich in alle wichtigen Städte und Industriezentren Deutschlands, ich kam auf diesen Reisen ununterbro-

chen mit jüngeren und jungen Deutschen in Berührung. Mit Managern in der Industrie, mit Arbeitern und Angestellten, mit Studenten, jungen Offizieren und Regierungsbeamten.

In diesen drei Jahren haben wir Mitglieder der Botschaft und auch unsere Familien nicht einmal einen solchen Neo-Nazismus bemerken können oder gar zu spüren bekommen.

Wir haben uns mit einigen Familien richtig angefreundet. Einige Hundert verbrannte Gehirne, die über das Bundesgebiet verstreut sind, mit den Millionen uns gut Gesinnten in einen Topf zu werfen, ist demagogisch und kann der Freundschaft, die sich zwischen Tausenden jungen Deutschen und jungen Israelis entwickelte, nur schaden.

Ich kam vorige Woche nach einem herrlichen Wanderurlaub in der Vulkan-Eifel nach Israel zurück. Am Flugzeug, das wir in München bestiegen, waren mehr Deutsche, als Israelis. Die meisten von ihnen waren junge Menschen, die Israel sehen und erleben wollten, darunter z.B. ein junges Ehepaar, das zum zehnten Male nach Naharia reiste, wo es Freunde gefunden hatte, die es immer wieder aufsuchte.

Auf unserem Urlaub in der Eifel trafen wir uns mit alten Freunden, die aus Bonn und Trier, aus Stuttgart und Wuppertal angereist kamen, um mit uns beisammen zu sein. Wir lernten auch eine ganze Reihe von jüngeren und jungen Deutschen kennen, die sich freuten, mit uns zu wandern, mit uns beisammen zu sein, die viel über Israel wussten und mit uns auf baldigen Frieden hofften.

Und nun diese Art der Berichterstattung des israelischen Fernsehreporters aus Bonn! Sie erinnert an den Stil der Greuelpropaganda aus vergangenen Zeiten, eine gefährliche, volksverhetzende Art der Reportage.

Ich habe mich entschlossen, diesen Leserbrief zu schreiben, da ich heute mehrmals gefragt wurde, ob der Nazismus in Deutschland wirklich wieder den Kopf hebt, wie die Reportage sagte. Ich habe dies aus voller Ueberzeugung verneint.

Die „Neue Linke" macht sich in Deutschland täglich bemerkbar, trotzdem wird kein vernünftiger Mensch behaupten, dass Deutschland in Gefahr stehe, kommunistisch zu werden. Sowohl die Kommunisten wie auch die extrem rechte Partei, die Nationaldemokratische Partei (NPD), sind zu schwach, um im Bundestag vertreten zu sein.

Die Neo-Nazis mit dem heutigen Deutschland zu identifizieren, wie es die Sendung des israelischen TV-Reporters in Bonn tat, ist eine gefährliche Falschinformation, eine Verhetzung der öffentlichen Meinung in Israel und es wundert mich, dass die zuständigen Stellen die Sendung gestatteten.

Das neue Deutschland hat uns seit Adenauer nur geholfen, nie geschadet, es hilft uns noch immer. In meiner Tätigkeit in Deutschland war ich oft überrascht, wie weit die Hilfe ging. Ich darf nur nicht darüber schreiben oder sprechen.

Ich hoffe nur, dass die vielen Israelis, die diesen minderwertigen Bericht im Fernsehen mit"erlebten", sich davon nicht überzeugen liessen. Millionen Deutsche bewundern unsere Aufbauarbeit. Die Handvoll Verhetzter in beiden extremen Lagern spielen keine wie immer geartete Rolle in Deutschland.

GAD HUGO S▬▬
Rechovot, Israel.

Woden ACT 2606  
Australia  
10-9-1981.

Dear Marike,

M.B. Dessauer does not speak for me.

I was a victim of the Nazis. In 1939, I was evicted from my home in Vienna, and separated from my parents — who were placed in a concentration camp.

I hold only those responsible who did or who condoned these acts.

All others — and that includes you and your generation — are innocent, and I love and respect all of you equally as fellow human beings.

Yours, George S.

---

**Übersetzung**

G.S., Australien 10.9.81

Liebe Marike,

M.B. Dessauer spricht nicht für mich. Ich war auch ein Opfer der Nazis. 1939 wurde ich von meinem Haus in Wien vertrieben und von meinen Eltern getrennt, die in ein Konzentrationslager gebracht wurden.

Ich betrachte nur diejenigen als verantwortlich, die diese Taten begingen oder stillschweigend duldeten.

Alle anderen – und das schließt Dich und Deine Generation ein – sind unschuldig, und ich liebe und achte Euch alle gleichermaßen als Mitmenschen.

Euer G.S.

An Marike Alberts
Gymnasium Hochdahl
ERKRATH, GERMANY

31.8.1981

Liebe Markike und Freunde,

ich habe Euren Readers' Letter, der am 24.d.M. in unserer Zeitung erschien, mit grossem Interesse gelesen, und er hat mir viel zu denken gegeben. Wie Ihr seht, schreibe ich Euch in deutsch, denn das war auch meine Muttersprache. Im Alter von 14 Jahren musste ich Deutschland verlassen. Durch Zufall wurde ich nicht in der Nazizeit umgebracht, sondern konnte hierher flüchten, aber viele meiner Verwandten und Bekannten kamen damals elendst ums Leben, und (was in diesem Zusammenhang wichtig ist) viele derer, die sich irgendwie aus den Konzentrationslagern retten konnten, leiden unter schrecklichen seelischen Störungen, die sich bis in das nächste und übernächste Geschlecht weiter (bewusst oder unbewusst) bemerkbar machen. Also bis zum heutigen Tag geht das Leiden bei sehr vielen Juden weiter. Ich lege Euch einen Artikel bei, der in der "Welt" erschien, aus dem Ihr entnehmen könnt, wie unvergesslich grauenhaft alles war. Ich muss Euch das leider antun, damit wir uns besser verstehen.

Nun kommen wir zu Euren Fragen und Konflikten. Es ist natürlich bedauerlich, dass Ihr in eine Welt hineingeboren seid, die Euch mit solchen Konflikten, entstanden aus verallgemeinerten Beschuldigungen, belastet. Einerseits tut mir das leid, - aber andererseits geben uns hier gerade diese zum Ausdruck gebrachten Konflikte einen Funken Hoffnung, dass es eine selbständig denkende und suchende deutsche Generation gibt, die ohne Vorurteile versucht, mit gutem Gewissen leben zu können, und die uns allen helfen will, Verallgemeinerungen in der Beurteilung von Menschen zu vermeiden. Seht Ihr, das ist es gerade, was zur Zeit Hitlers nicht existieren konnte. Das war eine so mächtige und beängstigende Nazi-Diktatur, deren Opfer der Verallgemeinerung wir Juden waren (gross und klein) dass es nicht einmal die grössten Geister und Moralprediger, liberal und menschlich denkende Intellektuelle, gewagt haben, den Mund aufzumachen, geschweige denn etwas gegen die Greueltaten zu unternehmen. Es hätte wirklich eine übermenschliche Grösse dazu gehört, dem enormen Strom der Fanatiker zu trotzen und Konflikte zum Ausdruck zu bringen. Manche haben es getan, aber das hat sie ihr Leben gekostet, oder sie mussten Deutschland fluchtartig verlassen.

Nun bitte ich Euch zu verstehen, dass man von Menschen, die so wahnsinnig - körperlich und seelisch - gelitten haben, nicht erwarten kann, immer logisch die Vergangenheit versus Gegenwart zu analysieren. Wir wurden brutal aus Deutschland herausgeworfen, und viele von uns wollen ganz einfach daraufhin nichts mehr mit Deutschland zu tun haben. Das Gefühl sagt dann: kann sein, dass es Unterschiede gibt, dass nicht alle schlecht sind, besonders die Jugend, die damals noch gar nicht lebte, - aber ich will VERGESSEN!! ich habe Gott sei Dank ein neues Land gefunden, habe ein neues Leben begonnen, und alles was mit Deutschland zu tun hat, liegt für mich in der Vergangenheit, --- ich wünschte nur, es würde mir nicht immerwieder in meinen Alpträumen erscheinen, wenn ich dann nachts aufschreie... ich glaube, solche Menschen haben das Recht, unlogisch zu sein, sogar zu verallgemeinern, wenn ihnen das etwas hilft, nicht wahr? Der oberwähnte Artikel, den ich beilege, zeigt Euch dies ganz deutlich. Er ist nicht logisch, es gäbe da viel zu diskutieren und zu widerlegen - aber dieser Mann leidet immernoch, - und ich denke, wenn er Kinder hat, leiden diese vielleicht unter ihm, - er ist sicher kein leichter Mensch, - aber er darf so sein - wenn nicht hier, unter seinesgleichen, unter Tausenden von Leidensgenossen, wo dann?

Glaubt uns, auch wir sind uns dessen bewusst, dass wir unseren arabischen Nachbarn gegenüber nicht immer gerecht und menschlich genug handeln. Der Unterschied liegt aber darin, dass wir eine Demokratie sind, und dass es starke Bewegungen gibt, die versuchen - manchmal mit Erfolg - dagegen zu kämpfen. Die kommen zum Ausdruck durch alle offiziellen Medien wie Zeitungen, Radio, Fernseh, u.s.w. Auch die Unterschriebene gehört zu der Sorte Menschen, die nicht schweigen, wenn ihr etwas nahegeht.

Und auch Ihr schweigt nicht. Ihr bringt Eure Konflikte offen zum Ausdruck, und das ist gut und anerkennenswert!

Uebrigens kommen viele deutsche Jugendliche nach Israel, um sich mit solchen Problemen an Ort und Stelle auseinanderzusetzen. Das gibt Hoffnung, dass die Feindseligkeiten doch eines Tages überwunden werden können. Arbeitet auch Ihr daran, liebe Marike und Freunde - ABER HABT GEDULD MIT UNS. Kein normaler Mensch kann sich ein Bild davon machen, wie unser Volk gelitten hat.

    Ich wünsche Euch viel Glück und Erfolg
     mit freundlichen Grüssen
       SCHALOM!
     Loni B

# Offener Brief an Bundeskanzler Schmidt

## Von M. GOLDMAN - GILAD

Der Schreiber dieses Briefes in ein Ueberlebender des Lagers Auschwitz. Ihre Landsleute, Herr Bundesbanzler, kamen nicht mehr dazu, ihn mit Zyklon zu vergiften und zu verbrennen.

Viele wie ich, Ueberlebende des europaeischen Judentums, haben in Israel ein neues Leben begonnen. Nicht auf Kosten eines anderen Volkes, sondern dank des Schweisses und des Blutes der Besten aus unserer Jugend und dank der vielen Opfer, die wir in fuenf Kriegen darbrachten.

Weder Sie noch Ihre Kriegskameraden der damaligen Zeit haben das Recht, uns moralische Predigten zu halten oder uns beizubringen, wie wir uns gegenueber den uns umzingelnden Voelkern zu benehmen haben.

An einem Fruehlingstag 1943, als ich 17 Jahre alt war, bekam ich von einem Ihrer Landsleute, Hauptscharfuehrer Josef Schwamberger, 80 Peitschenschlaege. Zu meinem Erstaunen, und ganz im Gegensatz zu seiner Gewohnheit, hat er mich nicht sofort erschossen.

Warum? Ich weiss es nicht. Vielleicht weil ich nicht aufgeschrien habe, vielleicht, weil meine Haare blond waren und ich hochdeutsch sprach, oder vielleicht, weil es mir gelang, sofort nach seinen Schlaegen aufzustehen und gemaess seinen Befehlen zu rennen.

Seit damals litt ich staendig unter dem Trauma der Rennerei: In Auschwitz musste ich rennen, um den Schlaegen der „Kapos" und den Bissen der SS-Hunde zu entgehen. Bei den Selektionen des Dr. Mengele rannte ich, um mich kraeftig zu zeigen und nicht zu den Gaskammeren geschickt zu werden. Waehrend der Evakuierung des Konzentrationslagers und des „Totenmarsches" musste ich Schritt halten, um nicht in den hinteren Reihen zu bleiben nud eine Kugel in den Kopf zu bekommen (damals hiess das „Gnadenschuss").

Nur hier, in meinem Land, hoerte ich auf zu rennen und fing erneut an gehen zu lernen. Zum ersten Mal in meinem Leben konnte ich langsam gehen, ohne jegliche Hetzerei und erhobenen Hauptes. Frei.

Ich hoerte, Herr Kanzler, waehrend Ihres Fernsehinterviews, nachdem Sie von Saudi-Arabien zurueckkehrten, dass Sie fuer die Entstehung ennes palaestinensischen Staates im Sinne der PLO, d.h. gemaess des „palaestinensischen Abkommens „Ihres Freundes Arafat, sind. Im ersten Paragraph dieses Abkommens heisst es, dass Leute wie ich bei der Entstehung eines palaestinensischen Staates das Land verlassen und zurueck in das Land ihrer Herkunft muessen... (ich komme, wie Sie wissen, aus Auschwitz...) und dass sie wieder anfangen sollen zu rennen, wie damals.

Ob Sie — um Ihrer moralischen (!) Pflicht den Palaestinensern gegenueber gerecht zu werden — bereit sein wuerden, das Konzentrationslager wieder zu eroeffnen? Das Schild „Arbeit macht frei", haengt immer noch ueber dem Eingangstor, auch die Nummer an meinem Arm ist schon parat, aber falls eine neue Nummer noetig sein sollte ist mein rechter Arm noch frei...

Viele wuerden beim Unternehmen „Endloesung" freiwillig einspringen, zum Beispiel Josef Schwamberger, der damals nach Argentinien, von dort aus nach Kanada fluechtete (als man ihm auf die Spur kam) und der sich heute anscheinend in dem Ihnen so nahestehenden Saudi-Arabien befindet. Nicht ganz so weit von hier...

Dr. Mengele kann wieder mit den Selektionen fuer die Gaskammern anfamgen. Vielleicht ist es schade, dass Eichmann nicht mehr da ist, aber im grossen Deutschland wird man ganz gewiss den passenden „Ersatz" fuer ihn finden.

Sehr viele wuerden erklaeren, sich fuer ein solches Unternehmen einzusetzen, insbesondere Ihre palaestinensischen Freunde, denen gegenueber Sie ganz ploetzlich so tiefe moralische Verpflichtungen empfinden.

Wenn die Menschen Ihrer Generation, Herr Kanzler, ueberhaupt noch ein Existenzrecht haben, so ist es ausschliesslich nur, um die furchtbaren Verbrechen, die sie gegen uns ausfuehrten, zu suehnen. Denn mit Ausnahme der weniger, die sich in efahr stuerzten, um uns zu helfen, seid ihr alle schuldig — die Moerder ihrer Taten, die anderen ihres Schweigens wegen.

Darum Herr Schmidt, lassen Sie das sein, versuchen Sie nicht ujns Ratschlaege zu geben, und behaupten Sie nicht vor der Welt, dass Sie eine moralische Verpflichtung den Palaestinensern gegenueber empfinden. Denn diese Behauptung ist nichts anderes als Heuchelei, Zynismus und sogar Grausamkeit. Adolf Eichmann versuchte zu seiner Zeit, juedisches Blut gegen Lastwagen zu verkaufen, Versuchen Sie heute vielleicht, unser Blut gegen Erdoel zu verkaufen?

Bei all unserem Verstaendnis fuer die schwierige oekonomische Lage Deutschlands (ich wuenschte, wir waeren in dieser Lage) haben wir beschlossen, nicht auf Ihre Ratschlaege zu hoeren. Seien Sie versichert, dass hier kein zweites „Babi Yaar", vorkommen wird und auch kein erneuter Warschauer Gettoaufstand. Wir haben beschlossen, nicht mehr zu rennen.

Wir, die Juden, haben das unzaehlige Male durchgemacht und immer das Leben gewaehlt. Zweifellos werden wir dies auch weiterhin tun, mit Verlaub.

Diesen Brief schrieb Michael Goldmann-Gilad, einst Auschwitz-Gefangener, Nummer 161135, heute israelischer Polizeioffizier.

(„Die Welt")

ב"ה

Jerusalem, den 26.8.81.

1.) Sehr geehrtes Fräulein Alberts!
Auf Grund eines Briefes von Ihnen in der "Jerusalem Post" habe ich mir erlaubt Ihnen zwei von meinen Versuchen einzusenden. – Die 2 hebräischen Buchstaben am Anfang dieses Briefes sind eine Abkürzung von 2 hebräischen Worten, die einen Lobspruch vom Ewigen bedeuten. – – Meine Muttersprache ist deutsch, und ich bin am 10. März 1913 in Deutschland in Stettin an der Oder geboren. –
– Es tut mir leid, wenn Sie und andere Studenten Kummer von einem Brief eines meiner Glaubensgenossen haben. Besagter Brief, welcher Ihr Missfallen erregt hat, ist von einem Mensch, (so glaube ich) der wohl eine Ausnahme darstellt. – Ich hasse keine Deutschen, im Gegenteil! Und ich hasse auch keine ehemaligen Nationalsozialisten, falls ihnen, dass, was sie gesündigt haben, leid tut!
– Indem ich Ihnen, und denen, in dessen Namen sie mir geschrieben hatten, alles Gute wünsche,

Zeichne ich ~~hi~~ mit den allerbesten

Grüssen

Ihr

Rudi Seer
Willi

סו ב׳ אלכס פלדברג

Netanya 2.9.81

Liebes Fräulein Marike und mit-Studenten!
Vor ein paar Tagen lasen wir in der "Jerusalem Post"
Ihre erstaunte Antwort auf eine Bemerkung von Herrn
Dessaur.Es hat uns berührt und darum möchten wir ein
bisschen drauf eingehen,möglich Sie verstehen die Sache
dann ein bisschen besser-oder aber es gibt Ihnen Stoff
zum nachdenken.Dabei wollen wir einmal feststellen,
Herr Dessaur spricht nur für sich selbst und nicht im
Namen des Volkes Israel und somit möchten wir doch sehr
gerne Abstand halten von der ewigen Pauschale.Ein Italiene
hat gestohlen,ergo,alle Italiener sind Diebe u.s.w.
Wir sind als Volk nicht besser und nicht schlechter als
jedes andere Volk,nur daß eben die Leiden der Nazi-Zeit
noch in allen Knochen steckt.Sie werden sich sicher auch
schon gefragt haben,wie war daß damals möglich,wie hat
es dazu kommen können.Eben genau darum,weil man es nicht
für möglich gehalten hat,war es möglich.Der Satz klingt
nicht sehr intelligent,doch er kommt der Sache sehr nahe.
Allein meine Familie hat in Deutschland einen Stammbaum
bis in's 11 te Jahrhundert,wie konnte man anders denken
als Deutsch.Doch als die"Meinungsverschiedenheit"
zwischen Herrn Begin und Herrn Schmidt war und wir die
Reaktionen der einzelnen Gruppen lasen,wurde uns doch
ein bisschen schwarz vor den Augen.Nach allem was war,
noch immer diese Bosheit und dieser Hass,es ist sehr
schwer zu verstehen(Wir sprechen von Gruppen,nicht Pau-
schal.)Es ist also doch noch immer so daß es in Deutschlan
Menschen gibt die uns ganz gerne ausrotten möchten,also
braucht man sich über Herrn Dessaur nicht zu wundern.
Ein deutsches Sprichwort sagt"wenn der Stiefel nicht passt,
zieht man ihn nicht an" und daß ist genau daß was wir
Ihnen raten.Wenn Sie einmal nach Israel kommen,werden Sie
merken wie offen und freundlich das Volk ist und wie
herzlich Sie aufgenommen werden.Miteinander sprechen
daß ist die Brücke die Völker verbindet.

Mit herzlichen Grüßen
Eva und Flora R████

**ANDRE K████**
**████████████**
HAIFA, ISRAEL

Aug. 30, 1981.

Marike Alberts and 24 other
Students of Gymnasium Hochdal,

Dear Young Friends,

I have read your letter in the Jerusalem Post. I agree p completly with you.

I was in the concentration camp where I was twice crippled. I lost there my wife and daughter.

I can tell you that it never came in my mind to hat Germen generally.

I hate a mean Jew but I cannot hate a nice German.

Many of us thinks that they ar smart, but there are also Jewish idiots as M.B. Dessauer. (Der Sauer, des Sauers.)

I am speaking "so ziemlich gut Deutsch. Ich habe gearbeitet in Lajpzish 1½ Jahre, pass mal uff. But I am not daring to write.

For my last 3 months of my sojourn in K.Z. I have been in Langenstein Vernichtungslager, near Halberstadt Junkers Werke. I was beaten hard and I lost my awarness.

So when the American Army came, they asked me where I want to go; I told them that my wife and daughter are waiting me in Nancy Lorrain. They brought me there. After 3 months I got back my conscience and I knew that I am in a foreign country and have nobody.

There, I became friendly to a Flower-gardener. A German Schaarführe (Feldwäbel) was working there as prisoner.

Once I told him: "I cannot understand how the educated German people had fol-

*Enclosed please find 2 pictures.*

Brief 8

lowed Hitler. He answered: "Ja, he gave us bread." I told him "He was as rich that he was able to give bread for the whole German People?" – He started to think and said: "No, he was not. the big kapitalists gave him the money." I said: "Why did they give not to Ebert and Streeseman, who did not want to harm anybody?" –

Dear Friends, I gave a few sample about myself. I would like to talk in person to you. I have enough money for a travel since I receive my pension from America. My only problem, how is the weather by you in September.

From my handwriting you can see how senile I am.

If you wish, answer me and keep in contact.
Very cordially, shalom
Andre K.

Annie K.,
im Alter von 12 Jahren
in Auschwitz ermordet.

## Übersetzung

A. K., Haifa, 30. Aug. 1981
Marike Alberts und 24 weitere Schüler
des Gymnasiums Hochdahl

Liebe, junge Freunde,
ich habe Euren Brief in der Jerusalem Post gelesen und stimme Euch voll zu. Ich war selbst in einem Konzentrationslager, wo ich zweimal mißhandelt wurde. Meine Frau und meine Tochter starben dort.

Ich kann Euch versichern, daß ich niemals den Gedanken hegte, die Deutschen insgesamt zu hassen. Ich hasse einen gemeinen Juden, aber kann einen anständigen Deutschen nicht hassen. Viele von uns halten sich für sehr gescheit, aber es gibt Idioten unter den Juden, wie z.B. M.B. Dessaur (der Sauer, des Sauers).

Ich spreche „so ziemlich gut Deutsch. Ich habe gearbeitet in Laipzish 1 1/2 Jahre: pass mal uff." Aber ich traue mich nicht, in Deutsch zu schreiben. Die letzten 3 Monate meines KZ-Aufenthaltes war ich im Vernichtungslager Lahnstein, unweit der Junkerwerke in Halberstadt.

Ich wurde so heftig geschlagen, daß ich bewußtlos wurde. Deshalb sagte ich den amerikanischen Soldaten auf ihre Frage, wo ich hingehen wollte, daß meine Frau und Tochter in Nancy/Lorraine auf mich warteten, woraufhin sie mich dorthin transportierten. Nach 3 Monaten funktionierte mein Erinnerungsvermögen wieder, und ich stellte fest, daß ich mich in einem fremden Land befand, in dem ich niemanden kannte. Ich befreundete mich dort mit einem Gärtner. Ein deutscher Scharführer (Feldwebel) arbeitete dort als Kriegsgefangener.

Eines Tages erzählte ich ihm:„ Ich kann nicht verstehen, wie gebildete Deutsche Hitler folgen konnten." Er antwortete:„ Ja, er gab uns Brot." Ich sagte:„ War er so reich, daß er dem ganzen Volk Brot geben konnte?" Nach einigem Nachdenken sagte er: „Nein, so reich war er nicht, die Großkapitalisten gaben ihm Geld." Daraufhin engegnete ich:„ Warum unterstützten sie nicht Ebert und Stresemann, die niemandem etwas zuleide tun wollten?"

Liebe Freunde, ich habe Euch ein wenig aus meinem Leben erzählt. Ich würde mich gerne persönlich mit Euch unterhalten, habe auch genügend Geld für eine Reise, da ich meine Pension aus Amerika beziehe. Das einzige Problem ist, wie das Wetter im September sein wird – wie Ihr aus meiner Handschrift ersehen könnt, bin ich schon recht alt.

Wenn Ihr möchtet, antwortet mir und haltet den Kontakt aufrecht.
Mit herzlichem Shalom
A.K.

Lb. Marike ..... u. Freunde!                                    7. Sept. 81

Im deutschen Strafgesetzbuch steht: " WER DAS RECHT BEUGT, UM VERBRECHER ZU BEGÜNSTIGEN, MACHT SICH ZUM MITTÄTER! "

Du und die jüngeren Generationen sind von einem Meinungsnebel umgeben, der es seit Jahrzenten verstand, die Vergangenheitsbewältigung im Selbstmitleid und Passivität zu ersticken. In den 50 er Jahren hatte man noch Angst vor Besatzern und Weltmeinung. Die Mörder von Alliierten wurden von diesen energisch verfolgt und abgeurteilt, aber die Bestrafung von Judenmördern wurde bald unter den deutschen Justizteppich gekehrt.

In Ludwigsburg befinden sich die Namen und einschlägigen Taten von zehntausenden der grausamsten Mörder der Weltgeschichte. Doch der Polizeibeamte, der diese Fahndungsblätter ernst nahm, hatte eine kurze Karriere. Eine Handvoll (nicht 10%) der Täter hatten das Pech als Beispiel zu dienen, sind aber schon lange wieder in Freiheit. Die grosse Mehrheit leben unbehelligt mit eigenem Namen im Telefonbuch. Die wenigen Abgeurteilten waren fast immer aus den untersten Dienstschichten. Kein Staatsanwalt, kein Richter wurde angeklagt. "Eine Krähe .......... Die Witwe des Chefs der Vernichtungslager (SD), Frau Heydrich, bekommt eine Rente v. DM6.000.- Die letzten Schauprozesse in Düsseldorf und Köln liefen drei Jahre und endeten meist im Sand. Der Berg kreiste und gebar eine Maus.

In meinen Versuchen selbst die deutsche Nachkriegsseele zu ergründen, hörte ich die alten Nazitöne und nie ein Wort des Protests aus jungem Mund. Man stimmt zu oder schweigt. Die Alten haben es verstanden Euch zu Mittätern zu korrumpieren und mit Schuldgefühlen und deplazierter Treue gehorsam zu machen. Man ergab sich mir gegenüber gleichgültig bis bösartig, war aber immer bereit eine Entschuldigung von einem Juden zu akzeptieren. Wie oft hörte ich von jungen Leuten: "Hab noch nie was Gutes über Juden gehört!" Die Pille, die Synthetisierung von Penicilin, der Sieg über Polio (Impf.), Kybernetik (Computer),Laserstrahl - die Ersten bei den Nobelpreisen und die Letzten in den Zuchthäusern sind Charakteristiken meines Volkes. Im Gegensatz starb das Land 'der Dichter u. Denker' in 1933.

Ein Lehrer der ernsthaft in der Vergangenheit wühlt wird verwarnt und entlassen. Nestbeschmutzer! Menschen wie Böll werden überhört. Man erfindet die lächerlichsten ex post facto Entlastungen. Die öffentliche Meinung kann jeden Justizakt erzwingen. In 1940 brachten deutsche Proteste das Töten von deutschen Irren und Mongoloiden zum Stillstand.

Der wichtigste Schritt ist die Ergründung dieser Bereitwilligkeit zum Bösen. Sie liegt nicht im Erbgut. Allein die deutsche Erziehung ist die Ursache. Der deutsche Gehorsam wird mit Angst erzwungen. Angst ist Triebwerk und Schmieröl, aber sie erzeugt Hass - Hass der ein Opfer sucht. Der Nazi sucht das Opfer im Schwachen, Wehrlosen. Baader-Meinhof konfrontieren den Vater direkt. Kein Ersatzopfer für sie, aber der Angst/Hass Motor ist derselbe. Lies Sigmund Freud - er erklärt Dir menschliche Motivationen besser als die tibetanischen Gebetsmühlen der Schule.

Nur wer unermüdlich protestiert und gegen Nazigeist agitiert hat ein Anrecht auf die Hand eines Juden.

Dear Marike:

From your first name, which I never heard before, I do not know whether you are a boy or a girl. However, it does not make any difference which sex you are.

I am writing to inform you that I am concerned over your distress of being held responsible for Hitler's terrible crimes against the Jewish people.

I cannot speak for that man whom you mention in the Jerusalem Post, and I speak only for myself, when I say that you, the 24 other classmates in your gymnasium, and all other Germans who did not participate in the murder of the Jewish people, are absolutely innocent and need not feel any guilt whatsoever.

Do not be disturbed by this Mr. Dessaur and do not be dismayed over his article. While all future generations of the Jewish people will forever remember the name of Adolf Hitler with an eternal hate, I am certain that all succeeding German generations, innocent of any wrongdoing, will eventually be forgiven by the Jewish people.

Christians must forgive the Jewish people for the <u>alleged</u>, but not <u>proven</u>, murder of Jesus Christ, and the Jewish people must forgive all innocent Germans. I am not an enemy of a free, democratic Germany which exists now, but only of a Hitlerite Germany which I sincerely hope will never be re-established in the future.

I hope that this letter will make you feel better. I am sorry I cannot write in the German language and hope that if you cannot read English perhaps your teacher or someone else in Erkrath can translate this letter. My knowledge of the German language is limited only to a few words and simple sentences.

With best regards,

Max W████

St. Paul, Minnesota
55108
U.S.A.
9 September, 1981.

---

**Übersetzung**

Liebe Marike,

aus Deinem Vornamen, den ich noch nie gehört habe, kann ich nicht ersehen, ob Du ein Junge oder ein Mädchen bist. Es tut indes auch wenig zur Sache, welchen Geschlechts zu bist.

Ich schreibe Dir, um Dir zu sagen, daß mich Deine Bestürzung darüber, daß Du für Hitlers schreckliche Verbrechen an dem jüdischen Volk verantwortlich gemacht wirst, betroffen macht. Ich kann nicht in dem Namen des Mannes, den Du in der Jerusalem Post erwähnst, sprechen, ich spreche über mich selbst, wenn ich sage, daß Du, die übrigen 24 Klassenkameraden in Deinem Gymnasium und alle anderen Deutschen, die nicht an dem Mord am jüdischen Volk beteiligt waren, daß Ihr alle absolut unschuldig seid und keinerlei Schuldgefühle zu empfinden braucht.

Laß Dich von Herrn Dessaur nicht beunruhigen und sei nicht bestürzt über seinen Artikel. Zwar werden alle zukünftigen Generationen des jüdischen Volkes den Namen Adolf Hitler mit nie endendem Haß im Gedächtnis behalten, aber ich bin sicher, daß allen nachfolgenden deutschen Generationen, die unschuldig an den Verbrechen sind, mit der Zeit vom jüdischen Volk vergeben werden wird.

Die Christen müssen dem jüdischen Volk vergeben für den angeblichen, aber nicht bewiesenen Mord an Jesus Christus, und das jüdische Volk muß allen unschuldigen Deutschen vergeben. Ich bin kein Feind eines freien, demokratischen Deutschlands, wie es jetzt existiert, sondern nur ein Feind des Hitlerdeutschlands, von dem ich aufrichtig hoffe, daß es nie wieder errichtet wird.

Ich hoffe, dieser Brief beruhigt Dich etwas. Leider kann ich nicht in deutscher Sprache schreiben und hoffe, daß, wenn Du kein Englisch kannst, Dein Lehrer oder sonst jemand in Erkrath Dir diesen Brief übersetzen kann. Meine Kenntnisse der deutschen Sprache sind auf einige wenige Worte und einfache Sätze beschränkt.

Mit den besten Grüßen
M.W., Minnesota / USA, 9. Sept. 1981

Robert S██████
1071 DR  Amsterdam.

Fräulein Marike Alberts,          8.9.1981
Gymnasium Hochdahl,
Erkrath /Nordrhein-Westfalen.
--------------------------------

Sehr geehrtes Fräulein Alberts,

Das klingt so förmlich, und in Ihrem Brief an de JERUSALEM POST,
den ich gerade in der International Edition vom 30.8.-5.9. gelesen habe, schreiben Sie über Schüler von 14 - 16 Jahren. In der
Annahme, dass Sie eine davon sind, möchte ich Sie daher lieber
als

Liebe Marike!

ansprechen. Wenn dieser Brief Sie erreicht, denn ich konnte ja
nur die in der J.P. erwähnte Adresse übernehmen, soll er Ihnen
meine Bereitschaft übermitteln, zu dem von Ihnen angeschnittenen
Problem Stellung zu nehmen. Ich bin 1913 in Berlin geboren und
habe bis 1936 in Deutschland gewohnt. Da ich das grosse Glück
hatte, nach Uebersee auswandern zu können, habe ich die schrecklichsten Jahre des Hitler-Régimes überlebt. Die Problematik hat
mich aber schon seit circa 1932 ununterbrochen beschäftigt .
Sie enden Ihren Brief an die J.P. mit den Worten: "we are dismayed and wonder what is necessary to overcome this hatred".
Vielleicht haben Sie bereits viele Antworten erhalten, sollte
das nicht der Fall sein und Sie an meiner Stellungnahme interessiert sein, dan bin ich gerne bereit, Ihnen zu schreiben.

Mit freundlichen Grüssen

Jerusalem, am 30.August 1981

Sehr geehrtes Fraeulein,

bezugnehmend auf Ihren Leserbrief in der "Jerusalem Post" moechte ich folgendes bemerken:
Kein vernuenftiger Mensch ist der Meinung, dass Sie sowie Ihre Mitschueler und sonstige Altersgenossen irgendeine Schuld trifft an den Ereignissen der Nazizeit.
Wenn es Leute gibt, die anders denken, dann beruht dies auf voellig irrationalen Hassgefuehlen und zu solchen gibt es keine Bruecke. Daran ist nichts zu aendern, es sollte Sie aber nicht weiter beunruhigen.
Lassen Sie sich das obige von einem aelteren Mann(73) gesagt sein.

Als ich Ihren Brief in der Zeitung las, da dachte ich mir, dass Ihre Klage nicht ungehoert verhallen darf und dies ist der Grund, weshalb ich Ihnen schreibe.
Ich zeichne mit freundlichen Gruessen

Ihr

K. S̶

sender    Karl S̶
address   Jerusalem(Israel), ̶

code              מיקוד    place              ישוב

אין לשים דבר באיגרת אוויר. איגרת שהושם בה דבר תישלח בדרך הים.
un aérogramme contenant un objet quelconque sera transmis par voie de surface.
an aerogramme containing any enclosure will be sent by surface.

Ing.Siegfried R███████  30.8.1981
67456 TEL AWIW
██████████████████
I S R A E L

Jahrgang 1909

An

M A R I K E  A L B E R T S

und Deine 24 Studienkollegen

E R K A T H   Deutschland

Gymnasium Hochdahl.


Zu Euerer Zuschrift an die Jerusalem Post Jerusalem Israel
mochte ich Euch versichern dass hier absolut kein Hass gg
gen jeden Duetschen und ganz bestimmt nicht fur die Jugend virherrscht.Schon sehr viele Gruppen Studenten jungeren
und alteren Jahrgangs waren hier und haben keine irgend-
welche Geheassigkeit zu spuren bekommen ganz im Gegenteil.
Ich selbst bin im KZ.Theresienstadt Auschwicz Birkenau Glei
wirz Blechhammer gewesen habe keine Hassgefuhle und unter
halte mich gerne mit den Jungen Leuten was ich aber doch
sagen muss ,dass wenn ich duetsche Manner oder Frauen in
den Jahrgangen tre fe die sie als denkende Zeitgenossen
Hitlers einzuteilen sind irgendwie eine Beklemmung habe und
nur schwer uberzeugen lasse dass sie nicht MITSCHULDIGE
waren.Keinesfalls mache ich jeden und alle Deutsche zu
schuldigen Zeitgenossen dabei muss ich auch noch aus meiner
Erfahrung die Osterreicher Volksdeutschen Polen usw. sehr
und vielleicht noch mehr verachten.
Also kurz kein Hass gegen die Deutsche Jugend besonders
auch nicht die altere Jahrgange und kommet her uberzeugt
Euch.Mein Haus steht stets offen und wenn jemand von Euch
oder Eueren Lehrkorper hieher kommt stehe ich gerne mit
Rat und Tat zur Verfugung.
       Werde mich freuen Antwort zu bekommen mit Gruss
an Euch alle Jugen Deutschen .

Heinz L. B██████.    Hadera, 38381, Israel, 24. VIII. 1981.

Liebes Frl. Ulrike Alberts!

Ich habe gerade Ihren Leserbrief in der „Jerusalem Post" vom 24. VIII. 1981 – also heutigen Datums – gelesen und halte es für meine Pflicht, Ihnen und Ihren 24 Mitschülern umgehend zu antworten:

Ihrer Anklage kann ich mich nur voll und ganz anschließen – und dieses bestimmt nicht nur in eigenem Namen!

Des Weiteren darf ich Ihnen aus sehr genauer Kenntnis der Sachlage versichern, daß die mit Fug und Recht beanstandeten Zeilen nur der Feder eines „Outsiders" zuzuschreiben sind!

Nicht zuletzt: Seit dem Kriegsende gibt es wieder – und in zunehmendem Maße – ~~wieder~~ Kontakt zwischen Deutschen und Juden, auf persönlicher, kultureller und wirtschaftlicher Basis.

Darf doch die – leider begründete – Animosität niemals die Unschuldigen treffen, zu denen zweifellos Sie und Ihre 24 Mitschüler gehören.

Dank gebührt Ihnen, daß Sie Ihrer Empörung unverblümt Ausdruck gegeben haben und damit die Aussprache und Erklärung ermöglichten!

Sie und Ihre Mitschüler herzlich grüßend,
Heinz L. B██████,
der auch einmal – vor 50 Jahren – deutsche Schulbänke „gedrückt" hat.

Moshav Bet Yanai,
Israel
September 7, 1981

Dear Marike Alberts and your fellow students,

I was touched and very happy to read your letter in the "Jerusalem Post." Some young Germans come to Israel to try to make up for the crimes their parents committed against the Jews. That, and your letter, are two signs of hope that such crimes may not be committed again. I think that what is necessary to overcome the hatred of some Jews against all Germans, is for you young people to learn about what happened in Germand and to the Germans in the time of the Nazis.

We Jews who are not in Germany, hear many stories of continued hatred of Germans towards <u>all</u> Jews, whether they are nice people or not. (Like all groups of people, of course there are some nice Jews and some not nice.) We read about the Passion Play that takes place every ten years in Obergammau (I'm sorry- I don't remember the exact name of that city), which is anti-Semitic, but which the people of the city like. We hear that most young Germans do not know what the Nazis did to the Jews and that many Germans say it is all "Jewish lies".

Please remember that very many Jews do not hate Germans. But also remember that one-third of all Jews were killed in terrible ways by the Nazis, <u>because they were Jews and for no other reason</u>. Can you imagine one-third of everyone you know, being tortured to death? And if your mother or brother or friend were tortured, and if you watched it, but stayed alive, you would now have a troubled life. You would have bad dreams and much worse. Much, much worse.

I wanted to tell you about some of my friends and neighbors who survived Nazi Germany, but it's too hard to tell. People have done terrible things to other people throughout the world. But if you learn history, you will learn that there has never been anything as terrible as Nazi Germany, and unfortunately, most Germans of your parents' or grandparents' generations thought it was all right.

Learn about it. Learn to hate the terrible things that were done.

I wish all of you young people well. May you have good lives and help the rest of the world have good lives.

Sincerely yours,

Naomi K.

**Übersetzung**

Moshav Bet Yanai, Israel, 7. Sept. 1981

Liebe Marike Alberts und Mitschüler,

ich war gerührt und sehr glücklich, als ich Euren Brief in der Jerusalem Post las. Einige junge Deutsche kommen nach Israel und versuchen, die Verbrechen, die ihre Eltern an Juden begangen haben, zu sühnen. Das und Euer Brief sind zwei Hoffnungszeichen dafür, daß solche Verbrechen nie wieder begangen werden. Ich denke, um den Haß einiger Juden gegen alle Deutschen zu überwinden, müßt Ihr jungen Leute lernen, was in Deutschland und an den Deutschen geschah in der Nazizeit.

Wir Juden, die wir nicht in Deutschland leben, hören viele Geschichten vom immer noch andauernden Haß der Deutschen gegen **alle** Juden, seien sie nun nette Leute oder nicht (wie bei allen Gruppen, gibt es auch hier nette Juden und weniger nette). Wir lesen über das Passionsspiel, das alle 10 Jahre in Obergammau (leider fällt mir der genaue Name des Ortes nicht ein)[1] stattfindet, das antisemitisch ist, das die Leute des Ortes aber dennoch mögen. Wir hören, daß die meisten jungen Leute nicht wissen, was die Nazis den Juden antaten, und daß viele Deutsche behaupten, das seien alles jüdische Lügen!

Bitte bedenkt, daß sehr viele Juden die Deutschen nicht hassen. Aber bedenkt auch, daß ein Drittel aller Juden auf schreckliche Weise von den Nazis getötet wurde, nur weil es sich um Juden handelte und aus keinem anderen Grund. Könnt Ihr Euch vorstellen, daß ein Drittel aller Leute, die Ihr kennt, zu Tode gequält wird? Auch wenn Eure Mutter oder Euer Bruder oder Freund gefoltert würde und ihr sähet es mit an, würdet aber überleben, dann wäre Euer Leben jetzt voller Probleme. Ihr hättet böse Träume und Schlimmeres, viel, viel Schlimmeres.

Ich wollte Euch eigentlich von einigen Freunden und Nachbarn erzählen, die das Nazideutschland überlebt haben, aber es ist zu schwierig, darüber zu sprechen. Auf der ganzen Welt haben die Menschen einander Fürchterliches angetan. Aber wenn Ihr die Geschichte studiert, werdet Ihr lernen, daß es niemals etwas Schrecklicheres als Nazideutschland gegeben hat. Leider hielten die meisten Deutschen der Generation Eurer Eltern und Großeltern dieses für richtig. Befaßt Euch damit, lernt die furchtbaren Dinge zu hassen, die getan worden sind.

Ich wünsche Euch allen alles Gute. Mögt Ihr in Frieden leben und dem Rest der Welt ebenfalls dazu verhelfen.

Mit freundlichen Grüßen
N.K.

---

[1] gemeint ist Oberammergau (Der Verlag)

Jerusalem, 25.8.81.

Liebe Marike Alberts,

ich habe Deinen Brief in der Jerusalem Post gelesen und es war gut, dass Du ihn geschrieben hast, denn der Austausch von Gedanken ist eine kleine Oeffnung zum Verstaendnis. Die Bemerkungen von Dessaur, dass er die Deutschen noch immer hasst und auch alle, die mit ihnen Beziehungen haben.... sind auch mir in Erinnerung, und auch ich identifiziere mich nicht mit seiner Meinung wie auch viele andere gleich mir.

Wie viele tausende, die ihre Jugend und die Zukunft, die sie sich damals erhofften durch die Auswanderung aus Deutschland verloren haben, versuchen viele von uns im Laufe der Jahre sich mit der Frage auseinander zu setzen: wer traegt die Schuld und wie kann man heute eine normale menschliche Beziehung zu Deutschen finden. Ich persoenlich bin der Meinung jeder Mensch ist frei geboren und frei von der Schuld, die auf den Schultern seiner Eltern lastet. Die Meinung der Katholischen Kirche, soweit mir bekannt ist, sagt z.B. dass der Mensch von Geburt her die Schuld seiner Vaeter mittraegt. Natuerlich gibt es auch hier Menschen, die mit dem Problem der durch die Deutschen begangenen Verbrechen nicht fertig geworden sind. Wie viele Jugendliche in Eurem Alter haben von ihren Eltern und Grosseltern gehoert was sie erlebt und durchgemacht haben. Ich weiss, dass in Deutschland viele Eltern nicht den Mut gehabt haben ihren Kindern zu erzaehlen, welchen Anteil sie selber an den Verbrechen hatten, Aber glaubt Ihr wirklich, dass von den tausenden, die jahrelang sich in Waeldern versteckt und gehungert haben, die ihre Geschwister und Eltern vor ihren Augen erschlagen sahen, dass es nicht manche von ihnen gibt, die nur hassen koennen? Ist denn der Hass von einem einzigen Juden, der sich dummerweise damit in der Zeitung verewigt hat so etwas einzigartiges und empoerendes?   Gibt es nicht Hass bei Euch zwischen Nachbarn, Eltern und Kindern, Gastarbeitern und Herrenvolk, und gegenueber Fremden schlechthin?

Die Erlebnisse des Holocaust sind ca 35 Jahre her und viele Menschen, die davon betroffen waren leben heute noch, und selbst ihr Leben in Freiheit ist vielfach ueberschattet von den Erlebnissen, Krankheiten und Traumen, die sie erlitten haben. Jesus von Nazaret ist vor etwa 1950 Jahren von den Roemern gekreuzigt worden. Die Roemer, die zusammen mit den Griechen die ersten grossen nicht juedischen Gruppen waren, die das Christentum angenommen haben, konnten natuerlich nicht die Schuld auf sich nehmen, ihren Christus selber ans Kreuz genagelt zu haben. Die Kreuzigung war damals eine roemische Form der Bestrafung und es besteht kein Zweifel ausserhalb der Kirchlichen Lehre, dass Jesus nicht von Juden ermordet wurde. Und dennoch werden noch heute die Juden gehasst, weil man sie der Toetung von Jesus beschuldigt. Die Geschehnisse sind so lange her, das keiner aus den vorhandenen Schriften entscheiden kann, was sich zugetragen hat. Und dennoch ist der Hass auf die Juden bestehen geblieben, von denen die heutigen doch nun sicher nichts damit zu tun hatten.

Das bringt mich auf den naechsten Punkt, der vielleicht wichtig ist bedacht und gesehen zu werden. Ihr seid eine Gruppe von Jugendlichen, die nicht verstehen koennen und entruestet sind, dass ein Jude seinen Hass auf die Deutschen ausdrueckt. Ich versuchte vorher zu erklaeren, dass es Hass ueberall auf der Welt gibt. Nicht, dass man es verteidigen oder gar gut heissen sollte, aber Hass ist ein menschlicher Zug basiert auf Agression und Frustration. Warum erwartet man grade von uns die uebermenschliche Groesse nicht zu hassen, zu vergessen und zu verzeihen? Warum legt die Welt so voellig andere moralische Ansprueche an die Juden wie an alle anderen?   Z.B. die Frage der Palaestinensischen Fluechtlinge: Durch Hitler haben millionen Menschen ihre Heimat verloren, entweder sind sie geflohen oder gegen ihren Willen verschickt worden, oder sie haben wie z.B. in Estland, Littauen usw ihre Unabhaengigkeit verloren. Wer spricht ueber diese Fluechtlinge? Wer weiss oder spricht von den tausenden von Juden aus Arabischen Laendern, die fliehen mussten und von denen viele heute hier ein Heim gefunden haben.Wie viele Fluechtlinge gibt es heute im fernen Osten und in den Africanischen Staaten. Von ihnen spricht man nicht,denn sie haben nichts mit den Juden zu tun. Nur die Menschen,die aus dem drittel von Palaestina heraus gegangen sind, dem drittel,was man heute Israel nennt, und was der einzige Platz in der Welt ist,wo ein Jude leben kann ohne sich als Aussenseiter zu fuehlen; ueber diese Fluechtlinge sind die Zeitungen voll,obgleich es mindestens 10 Arabische selbstaendige und reiche Staaten gibt,die sie haetten aufnehmen koennen,wie America die Italiener,Iren Portoricans aufgenommen hat, und wie wir selbstverstaendlich die juedischen Fluechtlinge hier aufgenommen haben. Was ist der Grund fuer diesen Unterschied in der Beurteilung und "Schuldfrage" ? Dass man von den Juden immer groessere moralische Leistungen und Opfer erwartet und verlangt als von allen anderen.

Wir Israelis sind Menschen wie alle anderen,mit Eigenarten und Fehlern mit einer Faehigkeit zu leiden und zu ueberleben.Auch hier gibt es Menschen,die mit den Geschehnissen in Deutschland nicht fertig werden konnten und die nur hassen koennen. Heute gibt es in Deutschland viel junge Menschen,die wieder von neuem den Hass auf die Juden aufgenommen haben und Ihr werdet sie besser kennen als ich.Die Antwort scheint mir zu sein,dass wir alle daran arbeiten muessen, uns gegenseitig zu verstehen, uns Rechenschaft zu geben ueber unsere Vorurteile, Neigungen und Abneigungen um zu dem zu kommen,was ein jahrtausende altes juedisches und auch christliches Gebot ist: liebe Deinen Naechsten...

Die Welt macht wenig Fortschritte auf diesem Gebiet.Aber wenn dieser Brief auch nur einige von Euch zum Nachdenken angeregt hat,so sind wir vielleicht einen kleinen Schritt voran gekommen.

Ich gruesse Euch mit Liebe und Achtung, weil Ihr jung seid und wissen wollt

Eva S███████

x x x

Eva S███████
████████████████
Jerusalem 96665
ISRAEL

Mönchengladbach, am 29. Aug. 1981

Liebe Marike Alberts und Mitschüler,

Wir haben Euren Leserbrief in der "Jerusalem Post" vom 24. August gelesen, und wollen versuchen, Eure Frage zu beantworten — obwohl es uns klar ist, daß keine endgültige Antwort möglich ist.

Wir sind Juden, die "damals" vor Hitler flohen. Heute sind wir Israelis "deutscher Herkunft". Wir hatten persönlich nicht von den Nazis gelitten, doch wir verloren Freunde und Verwandte, und wir trafen in Israel viele, die Schwerstes durchgemacht hatten. Wir kennen das Problem also von verschiedenen Seiten.

Zunächst freuen wir uns, daß Ihr die J.P. lest — es würde uns interessieren, wie Ihr dazu gekommen seit.

Zu Eurer Frage: man kann mit gutem Gewissen sagen, daß das jüdische Volk als solches die Deutschen als solche nicht haßt. Sonst gäbe es heute keine israelische Botschaft in Bonn, und nicht die vielen kulturellen, wirtschaftlichen und anderen Kontakte zwischen Israel und Deutschland.

Der Begriff der Sippenhaft ist uns fremd.

Es ist uns allen so klar wie Ruth, daß nicht "die Deutschen", d.h. die Deutschen aller Zeiten, getan haben, was geschah. Wir hörten zu oft "die Juden" als daß wir nicht wissen sollten, wie falsch solch ein Urteil ist. Das heißt natürlich nicht, daß man vergessen soll. Auf beiden Seiten soll man "sich erinnern", nicht um Haß zu schüren, sondern um die Tatsachen, wie sie waren, festzuhalten. Da Ihr die J.P. lest, wißt Ihr wahrscheinlich, daß vor Kurzem in Jerusalem ein Kongress Überlebender aus den KZ stattfand, und auch dort sprach man nicht von "Haß der Deutschen", höchstens von gerechter Strafe für überlebende Verbrecher.

Natürlich kann diese allgemeine, öffentliche, sozusagen offizielle Stellungnahme nicht jedem einzelnen Juden aufgezwungen werden. Haß ist irrational. Man kann kann ihn beherrschen, als unberechtigt erkennen, aber nicht jeder kann ihn überwinden. Prüft einmal Euch selbst: wenn im Fernsehen einmal hintereinander Filme gezeigt werden, in denen irgendeine Gruppe – sagen wir, Sioux Indianer, oder Kosaken, negativ dargestellt werden – wirkt sich das nicht auf Eure Ansicht über diese Gruppe aus? Und das ist nur Fiktion aus dem

Fernsehen! Wenn Euch an einem bestimmten Platz etwas Unangenehmes passiert – würdet Ihr Euch freuen, diesen Ort wiederzusehen? Viele von uns haben Übermenschliches, mit keiner Logik erfassbares gelitten – aber wir sind keine Übermenschen und wir reagieren menschlich. Ich weiß aus Erfahrung, wie viele Jahre es dauerte, bis ich wieder deutsche Bücher lesen, deutsche Filme lesen, nach Deutschland fahren konnte. Noch heute habe ich ein peinliches Gefühl, wenn ich Deutsche meines Alters treffe – ich muß mich immer fragen: "Wo warst du 1933?" Das ist eine persönliche Erfahrung – viele andere Juden hatten andere Reaktionen. Gewiß ist es unlogisch und ungerecht, "die Deutschen" zu hassen – ganz unverständlich ist es nicht. Eure Lektüre der J.R. sollte Euch zeigen, daß das keine allgemeine Reaktion darstellt.

Wenn es Euch interessiert, schreibt mir Euch gerne mehr. Unsere augenblickliche Adresse ist:

c/o Rita D~~xxxx~~
~~xxxxxxxxxxx~~
D-4050 Mönchengladbach 1

Unsere Adresse in Israel:

~~[redacted]~~
Ramat-Gan   IL-52493   RAMAT-GAN
                        IL-52493
~~[redacted]~~

Wir wünschen Euch eine frohe Schulzeit
und ein Leben, in dem sich die Greuel
früherer Generationen nicht wiederholen.

N.B. Übrigens ist etwaiger Hass
durchaus nicht allgemein.
(Ich glaube jüngere u. ältere          Alles Gute —
Besucher werden das bestätigen.)     („Shalom") - שלום

                    Esther und Shimon ~~[redacted]~~

       Liebe Schüler!
1.) Ich bin gegen Sippenhaft
2.) Ich bin gegen Rassenhass
3.) Ich halte es nicht für verwunderlich, dass es
    Juden gibt, die erlebt haben was sie erlebt
    haben, und ihren Hass auf die Kinder eines
    Volkes übertragen, das zum Teil getan hat, was
    es getan hat. (Wer würde die Kinder eines
    Mörders ~~gerade~~ seiner Eltern lieben? Auch die Kinder des Mörders
    sind unschuldig werden im allgem. doch gehasst.)
    Nochmal: Wir sind gegen solchen Hass, aber solche
    Erscheinungen sind überall vorhanden und nicht
    nur zwischen Juden und Deutschen Euren Alters.
4.) Die Lösung: Je mehr die deutsche Jugend - und nicht
    nur die deutsche Jugend (auch die jüdische) die Ver-
    gangenheit kennt und Erscheinungen bekämpft,
    die ins Unglück führen, desto besser.
    Wir wünschen Euch alles Gute und solltet Ihr
    nach Israel kommen, seid Ihr herzlich eingeladen
         Beste Grüsse   S. ~~[redacted]~~

September 6/51

Liebe Marieke,

Zur Antwort deines Briefes, der in der Jerusalem Post veröffentlich wurde, wollte ich versuchen eine Antwort zu finden, die Ihr vielleicht anerkennen könnt.

Ich selbst bin in Deutschland geboren und erzogen und habe bis zu meinem 16 Lebensjahr eine Mittelschule besucht. Meine Entwicklung wurde hauptsächlich durch die humane Einstellung deutscher Schriftsteller und Erzieher beeinflußt, ~~die für die Rechte und Freiheit~~ aller Menschen kämpften. Als 33 Hitler an die Macht kam und die große Menge des Volkes ihn unterstützte waren Jugendliche wie ich, erst einem geistigen Terror ausgesetzt, der sich sehr schnell auch zu einem physischen entwickelte. Unsere Welt brach zusammen, jeden Tag verschwanden Juden, die fortgeschleppt wurden, ohne daß sie etwas Schlechtes getan hatten. Unser Judentum wurde die Anziehungskraft aller Agression und wir hatten kein Mittel und keine Stütze von Aussen um uns zu wehren. In ganz kurzer Zeit verwandelte sich das Volk an das wir glaubten und schätzten in eine wilde Bestie, die Judenblut forderte. Was dann passierte Wißt Ihr ja. Ich und meine nächste Familie hatten das Glück vor Kriegsausbruch nach Israel zu kommen. Von mir selbst kann ich nicht sagen, daß ich die Deutschen hasse, aber ich kann und will nicht vergessen. In den letzten Jahren verbreitet sich die Meinung, daß der Mord von 6 Millionen Juden nur eine Lügenpropaganda des jüdischen Volkes sei, so seht Ihr also, daß man dafür sorgen muß, nicht zu vergessen, nicht des Rachegefühls wegen, sondern um die Menschheit zu warnen, nicht noch einmal alles Schlechte im Menschen zur Macht kommen zu lassen und Ihr Jungen müsst alles dazu beitragen eine Zukunft zu gestalten welche die Menschenrecht schützt und Gerechtigkeit gegen jeden Menschen und jeder Rasse gegenüber verkündet.

Alles Gute Euch

Gerda ▬▬▬▬

---

sender: Gerda ▬▬▬▬
address: Haifa ▬▬▬▬
code: place: Israel

Mrs. Marion M―――
―――――――――
Kiryat Bialik
Israel

Student Marike Alberts
Gymnasium Hochdahl
Erkrath
Germany

September 9, 1981

Dear Student Marike Alberts
           and your 24 student friends:

I read your letter addressed to the Editor of the Jerusalem Post when it appeared in that newspaper.

It is wonderful that you are all still so innocent. I wish I knew your ages.

At any rate, as an ex-American now a citizen of Israel, I will be somewhat presumptious and try to answer your letter. I will not say <u>angrily</u>, "What about Christ", as many would automatically do, but please do remember that the Jewish people have been hated for 2,000 years because of the lie that they killed Him. I only point it out, and not in anger, to stop you up short and make you think a little more deeply into this dreadful subject of hate.

When I first moved to Israel which was in 1975, <u>the</u> most outstanding thing we noticed was all the bare arms with numbers printed on them. So there are many survivors here. We moved into a neighborhood of mostly German and Hungarian people. We started to hear screams in the middle of the night from two houses, and asked what was that? We were advised that the people who lived in those houses still had nightly dreams about their experiences in the camps. We met another woman whose now grown-up son is depressed and never will be normal, and the doctors say it is because he is the child of a holocaust survivor. He was 2-years old when they left Germany after the war. He was born after the war, but I know him - he is not normal. On the next block there is another man who was in the camps - he has to go back to the mental hospital several times a year and talks to himself all the time - a man in his 50's. One of my friends is very nervous and often confined to her bed because of her memories, and when the city put down cat poison and killed her cats accidentally, she went into some kind of mental disturbance - she says she can't stand the sight of anything that is dead, since the camps. Next door to me is another survivor who goes in and out of the mental hosppital here and has been in the hospital now for the last 2 years - she lives with dreadful memories.

Coming from the United States this was a shocking awakening to us of what the Nazis had done to real people - not just people on TV, but people you can meet and talk to to this day.

The woman whose son is not normal is very bitter against the Germans.....mind you she classifies all Germans together, and cannot separate Nazis from Germans....she has this bent over young man accompanying her every day of her life, and she is also sick and wonders what will happen to him when she is gone?

My best friend in this country is a woman from Austria. She was lucky enough to get an exit visa of some kind for her mother and herself when she was 10 years old, to join their father (who had escaped privately) in what was then Palestine. She told me that as a young child she never thought of herself as Jewish. She lived across the street from a church and went to church with her Christian friends, as hers was the only Jewish family in the neighborhood. Gradually her little friends stopped talking to her. Some people started calling her bad names. The family was forced by the government to move out of their lovely apartment into a one-room cellar. Her family was lucky - her mother, father, and her parents escaped to this country. Now it is many years later. The Austrian people wanted to have their exiled Jews feel friendly towards them again, and invited groups of people from Israel back to Austria to visit their old neighbourhoods. My friend went back with her husband. She visited her old home town. The people who had moved into her apartment in the late 1930's were still living there. All her good furniture was still in the apartment; everything she remembered from when she was a little child was still being used by the occupants from those times. She met her Christian friends from years ago and they did everything they could to make her visit a happy time. and renewed old friendships. My friends heart was easier, she felt much better about the people she knew then; but every time she took a trolley ride or walked in the street and saw someone her age or older, she could not help thinking, "I wonder what you were doing then?". You see, it was these people who forced her to flee. Now she has two children, grown up, in this country. Her constant worry is that her son and daughter, who both serve in the armed forces, will be killed in a war here. Just think, if she had been a free non-Jew, her children would have grown up in a Europe that has been without war since the 1940's, she could sleep easily at night; now she never can. And believe me, this is an easy, simple, good and lucky history compared to other families around me.

I read in your letter that you know the Nazi crimes inflicted unimaginable sufferings on the Jews. What you do not know is that these sufferings continue, even unto the next generation.

I also never understood hate before I came to Israel. Seeing the physically crippled and mentally crippled that live all around me, I have come to understand why people still hate the - I'm sorry - the Germans - to this day. True you were not born during those terrible times - true I cannot hate you, but those who still suffer and whose children suffer say, if my children are not normal because of the Germans, why should their children be permitted the freedom of innocence? Our children were born innocent too, and look how they suffer!

Why should their children be light-hearted, while my children have to look at me and know how I suffered, My children pity me - who wants their children to pity them? The parents of those German young people inflicted our sufferings upon us and we still live with those sufferings - should their children go free, as if their parents were innocent?

I do not know what is necessary to overcome this hatred - surely those families who have been personally injured, and their children who witness their parents sufferings daily, to this day, will find it difficult to overcome their bitterness. But we do not have propaganda drilled into our ears daily against the Germans in this country. On the contrary, generally we hear nothing about Germany. Perhaps this is also some subtle kind of propaganda; I dont know.

At any rate, after all this, which I hope has been somewhat helpful, we must come back to my original statement, "What about Christ". If it has been possible for the Christian world to hate the Jews all these centuries for the death of one man, for after all he was a man, do you not think it is possible for one people to hate another people for the death of a generation of people? Or at least to mistrust that people, to always have it in the back of their mind when Germans are mentioned "yes, but look at what they did with their organization in the 30's and 40's" I don't think there is an easy answer to this dreadful subject - the Holocaust and hate go hand in hand I'm afraid. But it is true that many young Germans are coming to Israel and working here and have set us another example of good Germans in this generation. I must stop now. God bless you all. God help you to live with the guilt of previous generations. Such a history is probably overwhelming you all.

Sincerely yours,

**Übersetzung**

M.M., Kiryat Bialik, Israel, 9. Sept. 1981

Schülerin Marike Alberts, Gymnasium Hochdahl
Erkrath, Deutschland

Liebe Schülerin Marike Alberts und 24 Schüler!
Ich habe Euren Leserbrief an die Jerusalem Post gelesen, als er in dieser Zeitung erschien. Es ist wunderbar, daß Ihr noch so unschuldig seid. Ich wünsche, ich wüßte Euer Alter.

Auf jeden Fall will ich als Ex-Amerikanerin und heutige Bürgerin des Staates Israel wagen, Euren Brief zu beantworten. Ich will nicht **boshaft** sagen: „Wie war das mit Christus?", wie es viele automatisch tun, aber bitte bedenkt, daß das jüdische Volk seit 2000 Jahren gehaßt wird wegen der Lüge, es hätte ihn getötet. Ich weise Euch darauf hin – und das nicht im Zorn – um Euch zum Nachdenken zu bringen, damit Ihr Euch eindringlicher mit diesem Thema des Hasses beschäftigt.

Als ich 1975 nach Israel übersiedelte, waren die vielen bloßen Arme mit eingedruckten Nummern das Auffallendste, was wir bemerkten. So gibt es also viele Überlebende hier. Wir zogen in eine Nachbarschaft aus überwiegend Deutschen und Ungarn. Wir hörten aus zwei Häusern plötzlich mitten in der Nacht Schreie und fragten uns, was das war? Man sagte uns, daß die Leute in jenen Häusern immer noch des Nachts von ihren Erlebnissen in den Lagern träumten.

Wir trafen eine andere Frau, deren inzwischen erwachsener Sohn depressiv ist und nie wieder normal sein wird und von dem die Ärzte sagen, er sei krank, weil er das Kind von Überlebenden des Holocaust sei. Er war 2 Jahre alt, als sie Deutschland nach dem Krieg verließen. Er wurde nach dem Krieg geboren, aber ich kenne ihn – er ist nicht normal. Im nächsten Block wohnt ein anderer Mann, der im Lager war – er muß mehrmals im Jahr in eine Nervenklinik und spricht unentwegt zu sich selbst – ein Mann in den 50ern. Eine meiner Freundinnen ist sehr nervös und häufig ans Bett gefesselt wegen ihrer Erinnerungen, und als die Stadt Katzengift ausstreute und versehentlich auch ihre Katzen getötet wurden, wurde sie geistig verwirrt – sie sagt, sie könne den Anblick von irgendetwas Totem seit dem Lager nicht mehr ertragen.

Nebenan wohnt eine andere Überlebende, die in der hiesigen Nervenklinik aus-und eingeht und die die letzten 2 Jahre im Krankenhaus verbracht hat – sie lebt mit furchtbaren Erinnerungen. Für uns, die wir aus den USA kamen, war es ein schockierendes Erwachen, zu sehen, was die Nazis wirklichen Menschen angetan haben – nicht nur Menschen im Fernsehen, sondern Menschen, die man treffen und mit denen man auch heute noch reden kann. Die Dame, deren Sohn krank ist, hegt bittere Empfindungen gegenüber Deutschland – natürlich wirft sie alle Deutschen in einen Topf und trennt die Nazis nicht von den Deutschen – sie hat diesen gebeutelten jungen Mann, der sie jeden Tag ihres Lebens begleitet, und sie ist selbst krank und fragt sich, was mit ihm sein wird, wenn sie einmal nicht mehr da ist.

Meine beste Freundin in diesem Land ist eine Österreicherin. Sie hatte Glück und bekam irgendein Ausreisevisum für ihre Mutter und sich selbst, als sie 10 Jahre alt war, um mit ihrem Vater (der vorher heimlich geflohen war) in dem damaligen Palästina zusammenzukommen. Sie erzählte mir, daß sie als junges Mädchen sich nie für eine Jüdin gehalten habe. Sie lebte gegenüber einer Kirche und ging mit ihren christlichen Freunden in den Gottesdienst, da ihre Familie die einzige jüdische Familie in der Gegend war. Allmählich hörten ihre kleinen Freunde auf, mit ihr zu sprechen. Einige Leute begannen, sie mit abfälligen Ausdrücken zu belegen. Ihre Familie wurde von der Regierung gezwungen, aus ihrer schönen Wohnung in einen Kellerraum zu ziehen. Ihre Familie hatte Glück – ihre Mutter, ihr Vater und ihre Eltern entkamen nach Israel. Inzwischen sind viele Jahre vergangen. Das österreichische Volk wollte sich mit den vertriebenen Juden versöhnen und lud Gruppen aus Israel nach Österreich ein, damit sie ihre alten Wohnviertel wiedersähen. Meine Freundin und ihr Ehemann fuhren zurück und besuchten ihre alte Heimatstadt. die Leute, die Ende der 30er Jahre in ihre Wohnung gezogen waren, lebten immer noch dort. Ihre guten Möbel standen noch immer in der Wohnung, alles, an das sie sich – damals ein kleines Kind – erinnern konnte, wurde immer noch von den damaligen Besetzern benutzt. Sie traf ihre früheren christlichen Freunde, die alles taten, damit ihr Besuch glücklich verlief, und die die alte Freundschaft erneuerten. Meiner Freundin wurde leichter ums Herz, sie fühlte sich wohler bei dem Gedanken an die Leute, die sie damals gekannt hatte; aber jedes Mal, wenn sie mit dem Bus fuhr oder durch die Straßen ging und jemanden in ihrem Alter oder älter sah, konnte sie nicht umhin zu denken: „Ich möchte wissen, was du damals getan hast?"

Seht Ihr, es waren jene Leute, die sie gezwungen hatten zu fliehen. Heute hat sie hier zwei erwachsene Kinder. Ihre beständige Sorge ist, daß ihr Sohn und ihre Tochter, die beide in der Armee dienen, hier in einem Krieg getötet werden. Bedenkt, wenn sie eine Nicht-Jüdin gewesen wäre, wären ihre Kinder in einem Europa aufgewachsen, das seit den 40er Jahren ohne Krieg ist, sie könnte nachts ruhig schlafen, was sie jetzt nie kann.

Und glaubt mir, ihre Geschichte ist eine einfache, schlichte, glückliche, verglichen mit der anderer Familien um mich herum.

Ich entnehme Eurem Brief, daß Ihr wißt, daß durch die Naziverbrechen den Juden unvorstellbares Leid angetan worden ist. Was Ihr nicht wißt, ist, daß dieses Leid andauert, selbst bis in die nächste Generation. Ich habe auch nie Haß verstanden, bevor ich nach Israel kam. Der Anblick der physisch und seelisch Verkrüppelten um mich herum hat mich verstehen gelehrt, warum Menschen die – verzeiht – Deutschen hassen bis auf den heutigen Tag. Gewiß, Ihr wart zu der schrecklichen Zeit noch gar nicht geboren – gewiß, ich kann Euch nicht hassen, aber diejenigen, die immer noch leiden und deren Kinder leiden, sagen: Wenn meine Kinder nicht normal sind wegen der Deutschen, warum sollte ihren Kindern die Freiheit der Unschuld eingeräumt werden? Unsere Kinder sind auch unschuldig geboren – und seht, wie sie leiden! Warum sollten ihre Kinder leichten Herzens sein, während meine Kinder mich ansehen müssen und wissen, was ich erlitten habe. Meine Kinder haben Mitleid mit mir – wer möchte von seinen Kindern bemitleidet werden? Die Eltern dieser jungen Deutschen fügten uns Leid zu, und wir leben immer noch mit diesem Leid – sollten ihre Kinder frei herumlaufen, als ob ihre Eltern unschuldig gewesen wären? Ich weiß nicht, was nötig ist, diesen Haß zu überwinden – sicherlich ist es für diejenigen Familien, die persönlich in Mitleidenschaft gezogen wurden, und für ihre Kinder, die täglich ihrer Eltern Leid mitansehen, bis auf den heutigen Tag schwierig, die Bitterkeit zu überwinden. Aber wir werden hier nicht täglich mit Propaganda gegen die Deutschen gefüttert. Im Gegenteil, gewöhnlich hören wir gar nichts über Deutschland. Vielleicht ist dies eine subtile Art von Propaganda, ich weiß es nicht. Auf jeden Fall müssen wir nach all dem Gesagten, von dem ich hoffe, daß es in irgendeiner Weise hilfreich war, auf meinen Eingangssatz zurückkommen: Was ist mit Christus?

Wenn die christliche Welt die Juden über all die Jahrhunderte wegen des Todes eines Menschen – denn letztlich war er ein Mensch – hassen kann, glaubt Ihr dann nicht auch, daß ein Volk ein anderes Volk wegen des Todes einer ganzen Generation hassen kann? Oder zumindest diesem Volk mißtraut und immer, wenn Deutsche erwähnt werden, daran denkt, was sie mit ihrer Organisation in den 30er und 40er Jahren getan haben.

Ich glaube nicht, daß es eine einfache Antwort auf dieses furchtbare Thema gibt, Holocaust und Haß gehören leider zusammen. Aber es stimmt auch, daß viele junge Deutsche nach Israel kommen und hier arbeiten. Sie haben uns ein weiteres Beispiel von guten Deutschen in dieser Generation gegeben.

Ich muß aufhören. Gott segne Euch alle. Gott helfe Euch, mit der Schuld vergangener Generationen zu leben. Solch eine Geschichte ist womöglich auch für Euch niederschmetternd.

Mit freundlichen Grüßen
M.M.

Tel-Aviv den 24.8.1981

Geehrtes Fräulein:

Bitte als erstes mein schlechtes Deutsch zu entschuldigen aber ich habe diese Sprache ca. 40 Jahre nicht geschrieben.

Ich habe heute ihren Artikel in der "Jerusalem Post" gelesen und war sehr dabei gerührt. Ich selbst bin von meiner Heimat-Stadt-BEUTHEN OBER-SHLESIEN im Jahre 1935 geflüchtet und kam nach Israel 1938. Meine Familie ist auch in Ausschwitz umgekommen und wir Gott sei Gedank 3 Brüder und eine Schwester am Leben geblieben.

Wenn ich heute einen solchen Artikel in der Zeitung lese, wird es mir ein bischen warm im Herzen. Ich habe dabei ein Gefühl das noch nicht die ganze Welt verrottet ist. Wenn junge Deutsche Menschen so einen schönen Artikel schreiben können dann bin ich wieder einmal sehr stolz das mein verstorbener Vater Deutscher Officier im ersten Weltkrieg war und das meine Mutter-Sprache Deutsch ist.

Leider habe ich Deutschland seid 1935 nicht mehr besucht weil es mir von hier aus financiell nicht möglich ist. Aber heute in meinem

65 Lebensalter habe ich noch einen Wunsch einmal Deutschland wieder zu sehen und auch mein Enkel Kindern von der schönheit Deutschlands zu erzählen. Ich wünsche Ihnen, liebes Fräulein, und Ihren lieben Freunden im Gymnasium viel Glück im Leben und eine bessere Jugend als wir alten sie erlebt haben.

Falls einer Ihrer Freunde jemahls nach Israel kommt, bitte lassen sie mich vorher wissen, dann komme ich zum Flugplatz Lod ihm zu empfangen.

Ich hoffe ein paar Zeilen von Ihnen zu hören und verbleibe

herzlichst
Ihr

Abraham N̶̶̶̶̶̶̶̶̶̶̶̶̶̶̶
̶̶̶̶̶̶̶̶̶̶̶̶̶̶̶̶̶̶̶̶̶̶̶̶̶̶̶̶
BATH-JAM
ISRAEL

HERBERT L▇▇▇
63 408 Tel Aviv / Israel
15.9.81.

Marike Alberts,
und 24 Mitschueler, Shalom!

Euren Brief bezueglich eines Zeitungsartikels der hier erschienen ist, fand ich in der "Jerusalem Post".

Der Artikel, auf den Ihr Euch bezieht, hat auch hier so manchen Lesern zum Nachdenken bewogen, und ich moechte versuchen Euch auf Eure Zuschrift zu antworten.

Die Tatsache, dass Ihr diesen Leserbrief geschrieben habt, zeigt, meiner Ansicht nach, dass Ihr Euch mit dem Problem Deutschland - Israel, bzw. Deutsche - Juden, mehr als oberflaechlich beschaeftigt und auseinandersetzt. Daher glaube ich, hier auf laengere, geschichtliche und betrachtende Ausfuehrungen verzichten zu koennen. So komme ich direkt zu der, am Schluss des Briefes gestellten, Frage.

Man muss als Tatsache hinnehmen, dass bei sehr vielen der Juden, die den Holocaust miterleben mussten und bei Solchen, die dabei Angehoerige verloren haben, eine unueberwindliche Abneigung, ja, Hass, gegen alles was sie daran erinnert, als alles, was mit Deutschen zusammenhaengt, besteht. Das muss man verstehen und als unheilbar akzeptieren. Abneigung und Hass, genau wie Liebe kann man nicht mit rationalen Argumenten beeinflussen oder widerlegen. Man kann, allerdings, etwas tun, dass diese Gefuehle nicht in ihrer ganzen Wucht auf Andere uebertragen werden, indem man versucht, gegen die "Quelle" solcher Gefuehle anzugehen.

Diese "Quellen" waren in der Vergangenheit - und sind es noch immer - der klassische Antizionismus der heute, oft, im vornehmeren Gewandt des "Anti-Zionismus", auftritt.

Daher sehe ich es fuer geraten - und dies als Beantwortung Eurer Frage - energisch hiergegen vorzugehen und fuer eine Atmosphaere des echten Verstehens und Verstaendnisses fuer die fundamentalen Ursachen des Problems zu arbeiten. Dabei sollte vermieden werden, sich von dem unglueckseligen "Doppel-Masstab", den man heute gewohnt ist an Israel anzulegen, beinflussen zu lassen. Wer die Geschichte der letzten Jahrzehnte objektiv verfolgt, kann sehen, dass das so oft erwaehnte Palaestina-Problem, so ernst und schwerwiegend es ist, leider -und mit Erfolg - von allerlei Gremien mit den erprobten Effekt-Lampen der NS-Zeit beleuchtet wird. Im Hinblick auf oben Erwaehntes, sollte das alles mit groesster Vorsicht betrachtet werden.

Eine Arbeit, die Verstehen und Verstaendigung herbeifuehren soll -und kann - ist langwierig und hat wahrscheinlich nur "Troepfchenweise" Erfolg, aber Erfolg wird sie haben, denn auch auf israelischer Seite, gibt es viele Menschen, Jung und Aelter, die bereit sind solche Bruecken der Verstaendigung zu bauen.

Mit freundlichen Gruessen
Herbert L▇▇▇
(Jahrgang 1920)

Abs. Kurt M███████████
███████████
214 22 Malmö/Schweden

An
Marike Alberts
c/o Gymnasium Hochdahl

Erkrath

Västtyskland

Malmö, den 4.10.1981

Besta Marike Alberts and 24 other students!

So hattet Ihr Euren Leserbrief an die "Jerusalem Post" Anfang September unterschrieben. Als geborener deutscher Jude möchte ich Euch antworten. Ich bin nicht ganz sicher, ob mein Brief an obige Adresse an Euch gelangt, ausserdem muss ich ab morgen für ein paar Wochen ins Krankenhaus gehen. Also für heute nur ganz kurz, denn es ist meiner Meinung nach äusserst wichtig, dass Ihr bald eine Antwort bekommt.

Wie Ihr selbst versteht, ist diese Frage ungeheuer schwer zu behandeln, ich werde es versuchen. Ihr fragt: "we wonder what is necessary to overcome this hatred". Ganz konkrete Vorschläge:

1. Versucht, soweit wie möglich, die Gefühle der Gelittenen zu verstehen. Meine nahe Verwandte durchlitt folgende Situation: Mit ihrem Mann und ihren beiden Kindern wurde sie in das berüchtigte Konzentrationslager Auschwitz gebracht. Bei der sogenannten "Selektion" - die zu vergasenden wurden aus der Reihe nach der einen Seite befohlen und die anderen auf die andere Seite - wurden der Mann und die beiden Kinder zur Vergasung geschickt und sie selbst auf die andere Seite. Als sie darum bat, mit ihrer Familie in den Tod zu folgen, bekam sie die grausame Antwort: Du bist noch jung, du kannst arbeiten! Wenn Ihr Euch auch nicht schuldig fühlen sollt, müsst Ihr also versuchen, zu verstehen. Diese herzensgute Frau hat leider hassen gelernt. Ein Zeichen dafür, dass kein blinder Hass bei allen Juden gegen alles Deutsche besteht, ist die heutige Radiomitteilung, dass die weltbekannte jüdische Loge B'ne Brith eine hohe Auszeichnung als Anerkennung für humanistischen Einsatz an Willy Brandt verliehen hat.

2. Lest soviel wie möglich über das unfassbare Geschehen, verbreitet Aufklärung darüber und bekämpft vor allem die niedrigen Lügen, die behaupten, dass es nie Gaskammern gegeben hat.

3. Bekämpft alle neonazistischen Tendenzen, die sich ja auch an den Schulen breitmachen wollen.

4. Es gibt die Möglichkeit der Beteiligung an der "Aktion Sühne-zeichen", von der Ihr vielleicht gehört habt. Es handelt sich darum, dass junge Deutsche unter anderem nach Israel fahren, um das Land unentgeltlich aufbauen zu helfen. Ich kann Euch dabei folgende Adresse mitteilen:

Bet El, Shewet Zion, Israel und der Leiter hat (zu seinem grossen Leidwesen) den Vorname: Adolf, Nachnamen kenne ich nicht

Ich würde mich sehr freuen, von Euch zu hören und verbleibe mit besten Grüssen

PS. Ich könnte Euch mit Litteraturnachweisen helfen.

[Unterschrift] Kurt ███████

# ארגון יוצאי קלן ורײנלנד בישראל
## VEREINIGUNG EHEM. KOELNER UND RHEINLAENDER
IN ISRAEL Anschrift:

Henny & Werner R▓▓▓▓
Tel-Aviv, ▓▓▓▓ Israel 69511
Tel: 478389

TEL-AVIV, den 25. August 1981

Frl. Marike A L B E R T S
c/o Gymnasium Hochdahl
E R K R A T H b./ Düsseldorf

Liebe Marike und die übrigen 24 Mitschüler.-

Nachdem wir Ihren Brief, der gestern in der Jerusalem Post unter der Rubrick "Readers' letters" veröffentlicht wurde, gelesen haben, drängt es uns Ihnen zu schreiben.

Auch wir hatten den s.Zt. erschienen Artikel des Herrn Dessauer gelesen und können nur dazu bemerken, dass seine hier zum Ausdruck gebrachte Meinung keinesfalls Diejenige der Allgemeinheit ist.

Wir sind beide in Köln geboren und betätigen uns u.a. als Vorsitzende obiger Vereinigung; so traurig auch die Epoche des nationalsozialistischen Deutschland zu beurteilen ist, so liegt es uns natürlich fern das ganze deutsche Volk zu hassen, geschweige die jüngere Generation.

Unsere im Jahre 1938 geborenen Zwillinge beiderlei Geschlechts sprechen deutsch, wobei besonders zu betonen ist, dass unser Sohn staatl. geprüfter Fremdenführer in deutscher Sprache ist. Durch den sehr intensiven deutschen Tourismus ist er in Permanenz beschäftigt und entsprechend beliebt.

Wir selbst pflegen viele Verbindungen zur Bundesrepublik privater u. offizieller Natur. U.A. sind wir im Briefwechsel mit dem "Arbeitskreis Bild u. Ton e.V." - Schülergemeinschaft, Tonbildspiegel, P.O.B. 80016, Köln-80, der Ihnen wohlmöglich bekannt ist. Es kam bereits zum Austausch von Kassetten, die sowohl hier wie drüben positiv aufgenommen wurden.

Es wäre gut und sicher nützlich wenn Sie sich mal zu einer Israelreise entschliessen würden; alle gedruckte Propaganda ist nicht fähig den wahren, selbst erlebten Geist unseres Volkes widerzuspiegeln.-

Wir würden uns freuen wieder mal von Ihnen zu hören. Herzlichst grüssen Sie die

Ehemahligen Kölner u. Rheinländer in
Tel - Aviv

שלום!   i. A.
H. + W. R▓▓▓▓

## DAS WORT HAT DER LESER

### Noch ein Brief an Herrn Helmut Schmidt

Als Christin, die nun schon 10 Jahre hier in Israel lebt das juedische Volk schaetzen und achten gelernt hat will ich in meinem ganzen Leben niemals mehr deutschen Boden betreten! Herr Ministerpraeisident Begin hat nur die Ehre von 6 Millionen ermordeten Juden gerettet, dafür gebuehrt ihm Hochachtung und Dank.

Puschnig Emma
Javnestr. 14 T.A.

KATHE B█████ M.D.
████████████ - Kensington, Ca. 94708

11. September 1981.

Liebe Marike,

ich las Deinen Brief in der Jerusalem Post und glaube, dass ich Deine Frage beantworten kann. Ich selbst bin juedisch, bin in Berlin aufgewachsen und lebe nun in der USA.

Ihr muesst wissen, dass Hitler nicht vom Himmel in ein Vacuum gefallen war, sondern dass er von dem deutschen Volk mit offenen Armen aufgenommen wurde. Schliesslich wurde er doch regulaer in einer gesetzlichen Wahl gewaehlt, das bedeuted doch, dass die Mehrzahl der Deutschen mit seinem Programm einverstanden war. Habt Ihr von den 13 Punkten gehoert, die er vor seiner Wahl veroeffentlich hatte, und von dem einer die Vernichtung der Juden forderte? Es geht wohl daraus hervor, dass das deutsche Volk in seiner Mehrheit mit Hitler einverstanden war, wenn sie auch nicht alle die Greueltaten voraussehen und billigen konnten. Und das ist es was wir den Deutschen so uebel nehmen. Natuerlich Eure Generation hat nichts mit den Vernichtungslager zu tun, aber die Frage besteht, hat ein Volk, das vor 50 Jahren einem Hitler zugejubelt hat, sich so vollkommen geaendert?

Warum haben die Deutschen die Juden so gehasst? Zum Teil war es ein Vorurteil, zum Teil von der katholischen Kirche provoziert, zum Teil war es auch Neid, weil die Juden aus Notwendigkeit fleissig und ehrgeizig waren und auch vieles Gute geleistet hatten. Ihr kennt keine Juden, aber ich kann Euch versichern, dass sie nicht anders als Ihr seid, nur wenn sie in die Enge getrieben werden, muessen sie dementsprechend sich benehmen.

Nun was Ihr tun koennt. Ihr koennt sehr viel tun da in Deutschland die Neonazis wieder einmal viel Laerm machen. Gewiss, es sind nicht sehr viele, aber auch Hitler hat mit wenigen Genossen angefangen. Sie sind gefaehrlich, und es wird zu wenig gegen sie getan. Ich weiss nicht, warum das ist, aber das ist etwas, dass Ihr hersusfinden koennt, und Ihr solltet gegen die Neonazis arbeiten, schon in Euerm eignem Interesse.

Ich habe schon mehrere junge deutsche Menschen getroffen, die mir sehr gut gefallen haben und mit denen ich mich gut verstanden habe. Ich glaube, dass Eure Gruppe zu diesen gehoert. Solange ein Mensch anstaendig, gut und ehrlich ist, wird er auch von andern geachtet, ganz gleichgueltig wo er oder sie herkommt.

Mit freundlichen Gruessen

Dr Käthe B█████

September 10, 1981

Marike Alberts +24

This letter is prompted by an ex K-zetler (Auschwitz, Mauthausen, Gusen 2, and Gunskirchen) concerned by your dismay as stated in the Jerusalem Post. In no way is this to be construed as an apology for anything that anyone else might have said.

It is a generally accepted rule; a child is not responsible for a parents deeds, but he will be judged by the way he discharges obligations inherited. It will take many generations for hatred to disappear for there will always be people who will fan the flames for their own interests, be it political, economical, or just plain stupid.

It would help a great deal, and speed the process of healing if you had more people of the Axel Springer hue, and less of the editors of Ther Spiegel who write there's no need to reach out.

Symphatically

Martin H. L▆

BEDFORD HEIGHTS, OHIO 44146

## Übersetzung

10. September 1981

An Marike Alberts + 24

Dieser Brief stammt von einem Ex-KZ-ler (Auschwitz, Mauthausen, Gusen 2 und Gunskirchen), der betroffen ist von Eurer in der Jerusalem Post geäußerten Bestürzung.

In keiner Weise soll er als Entschuldigung dienen für irgendetwas, das irgendjemand gesagt haben mag. Es ist eine generell akzeptierte Regel, daß ein Kind nicht für die Taten seiner Eltern verantwortlich ist, aber es wird danach beurteilt, wie es mit seiner ererbten Verpflichtung umgeht. Es wird viele Generationen dauern, bis der Haß vergeht, denn es wird immer Menschen geben, die die Flammen aus eigenem Interesse schüren – sei es politisch, wirtschaftlich oder einfach nur dumm.

Es würde viel helfen und den Heilungsprozeß beschleunigen, wenn Ihr mehr Leute von Axel Springers Couleur und weniger von derjenigen der Spiegel-Herausgeber hättet, die schreiben, es sei nicht nötig, die Hand zu reichen.

Mit freundlichen Grüßen
M.H.L.

Marike Alberts, et alii, of
The Gymnasium Hochdahl
Dusseldorf Area. Germany         24Aug81


Dear Students,

It was touching indeed to read your letter and learn thereby of your concern over the hatred expressed by a letter-writer who prefers to remember the dead, perhaps HIS dead, than to "forgive and forget." Let me state my own appreciation for the feelings which undoubtedly motivated your letter and your concern. It is an inspiration.

There is no doubt that younger people like yourselves retain a certain exemption from guilt (I feel that even Mr. Dessaur would agree with this). What are we to think, however, when your government adopts the view that they "owe" the Arabs something for having created the Holocaust (i.e. that their <u>nation</u> did so), and that therefore the PLO has the right to an establishment of a nation whose <u>announced</u> <u>purpose</u> is the liquidation of the Jewish state?

Your first minister of State, Herr Schmidt, knows this fact perfectly well, yet ignores questions by the press on the matter of whether Germany's debt to the Arab Palestinians is indeed so great that GERMANY SHOULD lend its aid, politically and no doubt materially, to foster and abet the creation of a new national entity dedicated to completing the Nazi's job.

There is no doubt you have been deprived of certain elementary facts in this controversy. If you would like a copy of the PLO Covenant -- which is quite frank on the subject of the PLO's plans for the Jewish state -- I will be glad to send you a copy. In such a case, I would hope that you will include in your request other information relating to the Jewish side of international questions, patricularly vis-a-vis the Arabs.

In closing permit me to make at least this one solid point which your press seems to be unaware of (since you, also, are unaware of it): Zionism is much older than Naziism. "Next year in Jerusalem" has been part of the prayers in every Passover celebration since Titus dispersed the Jews. It had been gathering force and influence at a very much increased pace since the first Zionist Congress in the late 1880's.

One cannot help but conclude that Mr. Schmidt was only seeking a plausible reason to join the PLO, so-to-speak, WHEN HE ~~in~~ finally produc~~ing~~ed this "reason" -- which as you now see, is in no way plausible.     Very truly yours,

Robert G▬▬▬

| sender | | השולח |
|---|---|---|
| address | 58294-Holon | מען |
| | Israel | |

---

**Übersetzung**

24. Aug. 1981

Marike Alberts und die anderen des Gymnasiums Hochdahl
in der Nähe von Düsseldorf, Deutschland

Liebe Schüler!

Es hat mich außerordentlich gerührt, Euren Brief zu lesen und darin zu erfahren, wie sehr Euch der Haß betroffen gemacht hat, den ein Briefschreiber zum Ausdruck bringt, der lieber der Toten gedenkt, vielleicht seiner Toten, als zu vergeben und zu vergessen. Laßt mich Euch versichern, daß ich die Gefühle und die Haltung, die Euch dazu gebracht haben, Euren Brief zu schreiben, ganz gewiß achte. Euer Brief hat mich zu folgenden Überlegungen angeregt:

Es besteht kein Zweifel, daß junge Leute wie Ihr in gewisser Hinsicht frei seid von Schuld (ich glaube, daß sogar Herr Dessaur dem zustimmen würde). Aber was sollen wir denken, wenn Eure Regierung der Meinung ist, den Arabern etwas zu „schulden" dafür, daß sie, d.h. ihre Nation, den Holocaust inszeniert hat und daß deshalb die PLO berechtigt ist, einen Staat aufzubauen, dessen erklärtes Ziel die Auslöschung des jüdischen Staates ist!

Euer Bundeskanzler, Herr Schmidt, weiß das alles ganz genau, aber er übergeht die Fragen der Presse, ob Deutschlands Schuld gegenüber den arabischen Palästinensern wirklich so groß ist, daß Deutschland politische und zweifelsohne auch materielle Hilfestellung geben sollte bei der Bildung einer neuen nationalen Einheit, die nur das Ziel verfolgt, das Werk der Nazis zu vervollständigen.

Es besteht kein Zweifel, daß Euch gewisse elementare Grundkenntnisse in bezug auf diese Kontroverse vorenthalten werden. Wenn Ihr ein Exemplar des PLO-Abkommens – in welchem ganz offen die PLO-Pläne bezüglich des jüdischen Staates dargelegt werden – haben möchtet, sende ich es Euch gerne zu. Wenn das der Fall ist, hoffe ich, daß Ihr auch an anderer Information über den jüdischen Standpunkt in dieser internationalen Frage, besonders im Hinblick auf die Araber, interessiert seid.

Zum Schluß erlaubt mir, wenigstens noch auf dieses stichhaltige Argument hinzuweisen, das Eurer Presse wohl entgangen ist (da Ihr es offensichtlich auch nicht kennt): der Zionismus ist viel älter als der Nazismus. „Nächstes Jahr in Jerusalem" ist ein Teil der Passahgebete, seit Titus die Juden vertrieben hat. Seit dem ersten zionistischen Kongreß Ende der 80er Jahre des letzten Jahrhunderts hat dieser Wunsch in zunehmendem Maß an Einfluß und Bedeutung gewonnen. Man kann nur zu der Annahme kommen, daß es Herrn Schmidt lediglich um eine triftige Begründung ging, die PLO zu unterstützen, als er diesen Vorwand erfand – eine Begründung, die, wie Ihr jetzt sehen könnt, in keiner Weise plausibel ist.

Mit freundlichen Grüßen
R.G.

Aug. the 24th 81.

Dear Marike and your 24 fellow-students,

I read your letter to the "Jerusalem-Post" and feel compelled to answer you. But first let me state, that I'm not an exhibitionist and never answer letters to any editor.

But your letter deserves an answer. Let me tell you, when I was your age, barely 16, I had already lost both my parents (not due to the Nazis) and was forced to earn my living. (That was back in 1932.) I was glad to have found a job in a weekly textile-newspaper with a Jewish owner. Even then I did not believe what I was seeing and experiencing. My brother, 3 years older than me, had to flee Germany in the fear 1934, because he had given refuge to one of his friends, who was political active against the nazy-youth organisation. This friend I barely recognised after he returned from having been beaten up, shaved criss cross across his head and eyebrows. He too had to leave.

Per-think to what you can do and instruct yourselves.

**Übersetzung**

D. W., Givatayim, 24. Aug. 1981

Liebe Marike und 24 Mitschüler,

ich habe Euren Brief in der Jerusalem Post gelesen und denke, daß ich Euch antworten muß. Zwar hasse ich es, mich selbst darzustellen, weswegen ich auch noch nie einen Leserbrief geschrieben habe, aber Euer Brief verdient eine Antwort!

1932, als ich in Eurem Alter war, knapp 16, hatte ich bereits beide Eltern verloren (allerdings nicht wegen der Nazis) und war gezwungen, meinen Lebensunterhalt selbst zu verdienen. Ich war froh, als ich einen Job bei einer wöchentlich erscheinenden Textilfachzeitschrift, die einem jüdischen Verleger gehörte, gefunden hatte. Selbst dann glaubte ich noch nicht, was ich sah und erlebte. Mein drei Jahre älterer Bruder hatte 1934 aus Deutschland fliehen müssen, weil er einem seiner Freunde, der politisch aktiv gegen die Nazijugendorganisation eintrat, Unterschlupf gewährt hatte. Ich erkannte diesen Freund kaum wieder, als er wieder auftauchte – so zerschunden und brutal an Kopf und Augenbrauen geschoren war er. Auch er mußte Deutschland schleunigst verlassen. Die Zeitschrift, für die ich arbeitete, wurde von einer „arischen" Gesellschaft übernommen, und allen Juden wurde gekündigt. Man erlaubte mir nicht, einen ordentlichen Beruf zu erlernen, so erlernte ich heimlich das Schneiderhandwerk und konnte Deutschland glücklicherweise 1936 verlassen, ohne physischen Schaden erlitten zu haben. Dennoch hatte man mich meines Geburtsrechts beraubt. Wißt Ihr, was das bedeutet?

Ich möchte mich in diesem Brief nicht mit allen Ungerechtigkeiten dieser Erde kritisch auseinandersetzen. Ganz sicher tragt Ihr und Eure Mitschüler keine Schuld an dem, was damals geschah. Und doch möchte ich Euch auf Eure Frage, was Ihr tun könnt, um den Haß des Herrn Dessaur auf alles Deutsche abzubauen, eine Antwort geben.

Ihr habt doch Geschichte in der Schule? Wißt Ihr etwas von dem jahrhundertealten Haß zwischen Juden und Christen? Was haben die Juden verbrochen, das so abgrundtiefen Haß, so heftige Vorurteile und so starke Ablehnung verdiente? Ich selbst und Millionen meiner Brüder und Schwestern, ja selbst Andersgläubige und Angehörige anderer Religionen mußten diesen Haß grundlos ertragen, wir waren ebenso schuldlos wie Ihr.

Ich weiß, daß den Juden ursprünglich vorgeworfen wurde, Jesus Christus (der selbst ein Jude war) umgebracht zu haben. Um seinetwillen wurde dieser Haß auf die Juden geschürt, um seinetwillen sind sie über Jahrhunderte verfolgt, ermordet, verbrannt, aus ihren Häusern verjagt worden – alles wegen eines Menschen, der vor fast 2000 Jahren getötet wurde.

Könnt Ihr es den Juden verdenken, die ein furchtbareres Martyrium erlitten haben als alle Pogrome und Inquisitionen zusammengenommen, den Holocaust, in dem viel mehr als 6 Millionen Menschen (Christen und Zigeuner eingerechnet) verstümmelt, vergast etc. wurden, könnt Ihr es ihnen verübeln, wenn sie nicht vergessen können, was ihnen in ihrem Leben zugefügt wurde, und wenn sie alles, was sie an ihre Verfolger erinnert, meiden?

Nun zu Eurer Frage, was Ihr tun könnt, diesen Haß zu überwinden. Versucht zunächst, so viel Ihr könnt über die Ursachen von Haß zu erfahren, versucht zu verstehen, warum Menschen sich so verhalten, wie sie es tun, und dann seid tolerant gegenüber den Überzeugungen anderer. Wir brauchen Toleranz in dieser unserer von Kriegen erschütterten Zeit. Versucht, Eure Nachbarn kennenzulernen, versucht, ihre Gefühle und Handlungsweisen zu verstehen. Nur wenn wir Menschen gewillt sind zu lernen, zu verstehen und tolerant zu sein, können wir gemeinsam an einem Tisch sitzen und miteinander versuchen, nicht nur die Probleme der Juden mit ihrem früheren Heimatland, sondern die Probleme dieser Welt zu lösen. Was Ihr aus Euren Schulbüchern gelernt haben mögt, reicht nicht aus. Ihr werdet noch viele Geschichtsbücher lesen müssen, ehe Ihr beurteilen könnt, wer Schuld hat an dem, was Eurem Bruder zugefügt worden ist.

Mit freundlichen Grüßen
D. W.,

eine von Tausenden, die viel erlitten hat, aber dennoch an das Gute im Menschen glauben möchte.

Ruth B̶̶̶̶̶̶̶̶̶̶  
Kiryat Chaim ▮▮▮ Haifa  
Israel  
Tel: (04) ▮▮▮▮

Den 24. Januar 82

Marike Alberts

und weitere 24 Schueler  
Gymnasium Hochdahl  
E r k r a t h

Liebe Schueler,

    Vor mir liegt Euer Brief an die Jerusalem Post worin Ihr mit traurigem Erstaunen ueber M.B. Dessaur's fortdauernden Hass fuer die Deutschen schreibt. Ich bin Lehrerin seit 26 Jahren in unseren Gymnasien hier und versichere Euch, dass dies nicht die Einstellung unserer Jugend hier ist, wie der Schueler- und Lehreraustausch unserer beiden Laender schon gezeigt haben mag.

Leider haben die Grausamkeiten der Nazis viele seelisch unheilbare Wunden hinterlassen, wozu auch M.B. Dessaur gehoert. Hass ist ein Boomerang, der immer den Hasser selbst zerstoert, ein Gesetz, dass die Menschheit in der ganzen Welt noch nicht gut genug gelernt hat. Ihr fragt, was Ihr dagegen tun koennt? Macht es Euch zur Lebensaufgabe gegen alle Typen die hassen koennen und andere dazu beeinflussen Hassideen aufzugreifen und zu verbreiten, zu kaempfen. Bekaempft die Neo-Nazis bevor sie wieder stark genug werden um Millionen in der ganzen Welt ungluecklich zu machen.

Ich will Euch hiermit versichern, dass die "Dessaurs" eine kleine Minderheit sind, und Ihr hier willkommene Gaeste sein koennt.

Es wuerde mich freuen wieder von Euch zu hoeren. Mit bestem Gruss,

DR. OTTO G▆

Rom, den 19.9.1981

Liebe Marike, liebe Kinder!

Ich habe soeben in der "Jerusalem Post" vom 24.8.1981 Euren Brief an die Redaktion gelesen, kenne jedoch nicht den Brief von M.B.Dessaur, auf welchen Ihr euch bezieht.

Ich kenne Eure Gefühle, weil ich als Jude selbst oft dem Hass, dem Judenhass ausgesetzt war, obwohl ich persönlich keine Schuld habe als Jude geboren zu sein, und glaube auch ein anständiger und wohlerzogener Mensch zu sein.

Ich habe die Nazi-Verfolgungen am eigenen Leib erlebt, war aber einer der glücklichen die mit Frau und Kinder in die Schweiz sich retten konnten. Vor dem Krieg war ich Rechtsanwalt und habe durch die Verfolgungen mein Hab und Gut verloren. Mehr als achtzig Mitglieder aus der Familie meiner Frau wurden verschleppt und kamen in den Vernichtungslägern um, darunter Vater, Mutter, vier prächtige Brüder, Grossvater, Grossmutter, Tanten, Onkel, usw. usw. Von einem Tag auf den anderen wurden wir eine miserable Emigrantenfamilie.

Judenverfolgungen gibt es seit Jahrhunderten, jedoch erst die Nazi's haben diese Verfolgungen "industriell" organisiert und "wissenschaftlich" durchgeführt. Ich rate Euch ein Vernichtungslager zu besuchen, um sich von dieser Kulturschande selbst zu überzeugen.

In allen Staaten, verbündet mit Deutschland, kam es zu nazistischen Regierungen, jedoch in diesen Staaten entwickelte sich bald ein Wiederstand im Volke gegen die Regierung und gegen Deutschland in der Form des Partisanenkrieges. Nur eine Ausnahme gibt es da, in Deutschland selbst gab es keine Partisanen. Noch vor der Niederlage Deutschlands im Kriege, gab es jedoch eine Verschwörung einer Handvoll von Soldaten die einen Anschlag auf Hitler im Bierkeller in München versuchten. Einen Volksaufstand, einen Partisanenkrieg gab es in Deutschland nicht, und deshalb ist man berechtigt zu sagen, dass das ganze deutsche Volk mit den Nazis war und für die Taten und Untaten der Nazis verantwortlich ist.

Liebe Kinder!

Ich kenne den Fall Dessauers nicht, ich nehme jedoch an, dass er viel Grausamkeiten seitens der Nazis erleben musste. Ihr müsst verstehen, dass ein Mann der alles durch Hitler verloren hat, und besonders seine Familie (wer weiss in welchen grausamen Umständen), keine Liebe für dieses deutsche Volk haben kann, und den erlebten Hass nur mit Hass bezahlen kann. Nicht jeder kann so grosszügig sein das erlebte Unrecht zu verzeihen, wenn auch nie vergessen!

DR. OTTO G▆ - 00149 ROMA - ▆▆▆▆▆ - ☎ ▆▆▆ - ✉ ▆▆▆ ROMA

2)

Es ist richtig, dass Kinder die zur Zeit der Nazis noch nicht auf der Welt waren keine persönliche Schuld für die Taten der Eltern haben. Jedoch von diesen Kindern kann man verlangen, dass sie Verständnis für Menschen und ein Volk, welches durch die Untaten der Eltern grausam gelitten haben, aufbringen. Ein Mensch welcher die Naziverfolgungen überlebt hat, ist und bleibt lebenslang ein Kranker, seine Seele ist vergiftet und der Hass gegen das Deutsche Volk ist ein Auspuff für die Wunden der Seele. Je tiefer das erlebte Leid, um so schwerer wird es sein für eine solche kranke Seele zwischen Deutschen von gestern und Deutschen von heute zu unterscheiden.

Eben weil ihr, liebe Kinder, in der Zeit der Naziverfolgungen noch nicht auf der Welt ward, ist es kaum möglich, dass ihr den Umfang und die Tiefe dieser Verfolgungen erfassen könnt. Auch wenn ihr behauptet "we know that the Nazis inflicted unimaginable sufferings on the Jews", glaubt mir, dass ihr keine blaue Ahnung von diesen Leiden habt! Man muss es erlebt haben, am eigenen Leib, um etwas zu verstehen. Erst wenn das eigene Kind oder die eigene Mutter vor unseren Augen bestial ermordet wird, wissen wir wie tief das Leid, wie unheilbar die Wunde, wie erschütternd der Hass wird.
Und versteht man, dass es keine "Wiedergutmachung" gibt, in keiner Form, am wenigsten in Form von Geld.

Und doch, you "wonder what is necessary to overcome this hatred". Ich glaube dazu braucht es Zeit, Verständnis und Liebe. Den Judenhass zu verstehen und zu überwinden ist, nach meiner Meinung, die Vorbedingung zur "Wiedergutmachung" und zur Ueberwindung des Hasses, so weit er noch besteht, der Juden gegen das Deutsche Volk. Das Deutsche Volk sollte einen Feldzug gegen den Antisemitismus einleiten und führen, die Kinder von heute, gegen den einmaligen Feldzug der Eltern gegen die wehrlosen und unschuldigen Juden. Das würde eine Rechabilitation einleiten! Das könnte den Hass töten und in Liebe verwandeln!

So wie die Nazis den Judenhass "wissenschaftlich" begründeten, so müsste die neue deutsche Generation die Wurzeln des Antisemitismus aufsuchen und seine Geschichte verfolgen. Und das würde bedeuten weit in die Geschichte zurückzugreifen.

Ich rate, als Einleitung zu Verständnis des Antisemitismus, die bekannten Bücher von Leon Poljakov zu lesen. Aber man soll nicht bei dem nur bleiben.

Zwei sind die Hauptursachen des Antisemitismus, in den Jahrhunderten. Eines ist der Hass den die katholische Kirche gegen die Juden, durch ungefähr 1850/1900 Jahre, wegen der historisch unrichtigen Darstellung der Kreuzigung Jesus, verbreitete und nährte. Die zweite Ursache hat ihre Wurzel in der Tatsache, dass die Mehrheit in einem Volk immer, oder fast immer, die Minderheit im Lande unterdrückt und verfolgt, und diese für alle möglichen Probleme, Plagen und Klagen verantwortlich macht. (Sie z.B. noch heute die Verfolgung der Chinesen in Afrika und anderswo, wo sie die Minderheit bilden.)

Ueber den Tod Jesus wurden unzählige Bücher geschrieben,man sagt mehr als 300.000!Auf mich haben in den letzten Jahren zwei Bücher einen besonderen Eindruck gemacht und ich empfehle euch die Lektüre.
Joel Carmichel:The Death of Jesus;Victor Gollancz Verlag,London ----und
Hyam Maccoby:Revolution in Judaea,Jesus and the Jewish Resistance;
Taplinger Publishing Company,New York. 200 Park avenue South, New York, N.Y. 10003.

In groben Zügen verliefen die Geschehnisse,nach diesen Quellen,in dieser Form.Jesus war ein Rebelle gegen die fremde Macht,die Römer,welche das Land,Palästina,besetzten und plünderten.Er war auch Gegner der "Kirche" (Tempelpriester) welche mit den Römern gemeinsame Sache gegen das Volk machte.Das Volk war mit den Pharisäern und Zeloten,von denen einer auch Jesus war,und gegen die Römer und die Priester und Reichen,die Saduzäer. Die Ideen Jesus deckten sich mit jenen des Volkes,und er musste diese Rebellion gegen die "Ordnung" mit der Kreuzigung bezahlen,so wie es Hunderten Pharisäern und Zeloten,vor ihm und nach ihm,seitens der Römer erging.Die Kreuzigung war eine typisch römische Bestraffungsart,die Juden kreuzigten niemanden,sondern steinigten die auf den Tod bestraft wurden.

Die Geschichte,so wie sie auf uns in der Heiligen Schrift kam,wurde viele Jahrzehnte nach Jesus Tod verfasst,zu einer Zeit wo sich die christlichen Väter,und die Kirche nach ihnen,den Römern einschmeicheln wollten und Schutz von den Römern verlangten.Deshalb "frigierten" sie die Geschichte so das; die Römer gut ausfielen und alle Schuld auf die Juden geworfen wurde.Diese Schreibweise versteht man auch als Folge des Kampfes der Kirche (die im Anfang nur eine der jüdischen Sekten war) gegen das rabinische Juden,für die"echte" Wahrheit.

Diese tendenziöse Verfassung von der Kreuzigung Jesus war eine der historischen Ursachen des Judenhasses.Dazu gehört die Legende vom Ewigen Wandernden Juden.
Die Verstreuung der Juden in der Welt,vornehmlich in Europa,zeitigte eine weitere Ursache des Judenhasses.In allen Ländern eine kleine Minderheit, mussten die Juden die Verfolgungen der Mehrheit dulden.Dazu kam die Tatsache,dass man im Mittelalter den Juden weder Landeigentum,noch Landarbeit,und auch keinen Handel erlaubte.Die einzige Ausnahme war der Geldwechsel und Geldhandel,den die Adligen für sich und ihre Unter= tanen als "schmutziges"Gewerbe betrachteten.Die Geschichte vom Shylock konnte nur in einer solchen Athmosphere entstehen. Wenn die Juden,dann, den Geldberuf mit Erfolg führten,wurde dies ein weiterer Grund zu Verfolgungen,Ausbeutung seitens der Landesfürsten und Vertreibungen.

Man könnte viele Beispiele der Unterdrückung der Minderheit durch die Mehrheit nennen.Die berüchtigten Pogrome,d.h.Verfolgungen, der Juden in Russland waren ein offensichtliches Manöver der Zaren die Unzufriedenheit im Volke gegen die wehrlose jüdische Minderheit zu kanalisieren.

Jedoch,erst Hitler hat aus dem Judenhass eine pseudo-wissenschaftliche Theorie geschaffen,und die Juden als Volk zu vernichten versucht.

4)

Liebe Kinder!

Eben deshalb weil ihr nach der Naziperiode geboren wurdet und persönlich für diese keine Verantwortung trägt, liegt auf euren Schultern die Verantwortung das Deutsche Volk von dieser "Volksschande" reinzuwaschen. Die "Rassenschande" der Juden war eine Erfindung der Nazis, aber die deutsche Volksschande ist eine traurige, grausame Tatsache! Und wenn ihr im Ernst gefragt habt "how to overcome" so glaube ich dass ich Euch den Weg gewiesen habe: eine grosse <u>deutsche</u> Bewegung zur Bekämpfung und Austilgung der Wurzeln des Antisemitismus!

Mit grösster Achtung und in Freundschaft!

(Dr. Otto G███)

'Goliath' Card

Sehr geehrtes Frl. Alberts,

Ihr „Readers'letter" in der Jer. Post vom 24.8 gibt mir Anlass:

1. Frdl. Grüsse zu senden aus Haifa, die schönste Stadt Israels (das umstehende Bild ist keine „Kitschkarte" sondern die Wirklichkeit ist noch schöner). Uebermitteln Sie bitte meine Grüsse auch an ihre 24 Mitstudentinnen.

2. Meine Gratulation zu Ihrem perfekten Englisch und Stil. Oder hat da jemand – ein Lehrer – mit geholfen? Wäre ja durchaus nicht Dalai.

3. Ihre Abneigung und Trauer über den Hass des Herrn M.B. Dess antreile ich. Hass und besonders Völkerhass ist schrecklich und Ursache vieler Kriege. (Man darf ja wohl Hitler's Juden-Hass an allererste Stelle erwähnen.)

4. Wenn ich auch Herrn Dess aus Hass nicht ganz teile, so verstehe ich ihn.

5. Wenn Sie Wert darauf legen das Jüdische Volk (Israel) etwass besser zu begreifen, bin ich bereit in ein ausführliches Resumée, Ihnen und Ihre 24 mitstreiterinnen (allen

Fortsetzung der Haifa Karte:

Respekt!) Material zum Nachdenken zu verschaffen. Aber nur falls Sie Wert darauf legen. In diesem Falle bitte lassen Sie mich wissen. Falls nicht brauchen Sie gar nichts zu schreiben. Dieses Resumée wird mir nicht leicht fallen, werde es jedoch gerne tun, wie gesagt, jedoch nur falls Sie Wert darauf legen.

Sie müssen Sich auch in Geduld fassen habe leider nicht mehr Ihr jugendliches Alter, dafür jedoch ein Augenleiden das mir schreiben Schwer macht. Deshalb meine Bitte um Geduld und auch Nachsicht falls meine Zeilen undeutlich sind

So, if I hear from You, I will respond.

Unbekannterweise herzlichst,

Jakow H███████

PS. Absendung dieses Briefes wurde leider verzögert durch Krankheit. Inzwischen, wie gefällt Ihnen die Bombe in Wien? Merken Sie die Heuchelei des grossten Teil der sogenannten Zivilisierten Welt. Wie wäre wohl der Aufschrei gegen uns falls wir eine Islamische Kirche (Moskee) bombardiert hätten. ??

Binyamina, ~~Erkrat~~ 20. 10. 82.

Dear Marike and 24 other students:

I refer to a letter of yours which was published in the "Jerusalem Post" on August 24, 1981. This is a long time ago, especially at your age. But I cut the letter out with the firm intention of writing to you, because I thought it deserved an answer. It got mixed up with other correspondence and surfaced just today, so here goes, with my apologies.

I, personally, cannot hate people collectively and I doubt Mr. Dessaur can. Perhaps it was not the right expression - my feeling towards Germans as a people is one of unease, a shudder of the soul, but not hate.

I do not believe that God, much less Man, should visit the crimes of the parents on the children. Every baby born contains a new world within itself. I well understand your dismay and I, too, wonder what is necessary to overcome hatred.

As a small contribution, I am sending you some poems of mine, which may help you to understand the thoughts and feelings of an ordinary Israeli. It seems to me that the best way to overcome hatred is to create love and understanding. And this is never present between peoples - only between people.

Perhaps you would consider coming to this country as a group for your vacations, getting acquainted with contemporaries, perhaps working for some time halfdays in a kibbutz and seeing the country. This is not an expensive thing.

And perhaps you would care to help an Israeli youth group, in a similar way, to understand what goes on in your country today.

Please accept, with your 24 colleagues, my compliments for not taking national hatred for granted, and for wanting to do something about it.

With best wishes to you all,

T. A▬

30551 Binyamina

## Übersetzung

Binyamina, 20.10.1982

Liebe Marike und 24 Schüler!

Ich beziehe mich auf einen Brief von Euch, der am 24. August 1981 in der Jerusalem Post erschienen ist. Dies ist, besonders in Deinem Alter, lange Zeit her. Aber ich habe den Brief ausgeschnitten mit der festen Absicht, Euch zu schreiben, weil ich dachte, er verdiente eine Antwort. Er geriet unter andere Korrespondenz und ist mir gerade heute begegnet, soweit zu meiner Entschuldigung.

Ich persönlich kann Menschen nicht kollektiv hassen, und ich bezweifle, daß Herr Dessaur es kann. Vielleicht war es nicht der richtige Ausdruck – aber mein Gefühl den Deutschen als Volk gegenüber ist Unbehagen, ein Schaudern der Seele, aber nicht Haß. Ich glaube nicht, daß Gott, viel weniger der Mensch, die Verbrechen der Eltern an den Kindern vergelten sollte.

Jedes Kind, das geboren wird, birgt eine neue Welt in sich. Ich verstehe Eure Bestürzung gut, und auch ich möchte gerne wissen, was zu tun ist, um Haß zu überwinden. Als kleinen Beitrag sende ich Euch einige Gedichte von mir, welche Euch helfen mögen, die Gedanken und Gefühle eines einfachen Israeli zu verstehen. Mir scheint, daß der beste Weg, Haß zu überwinden, der ist, Liebe und Verständnis aufzubringen. Und das gibt es niemals zwischen Völkern – nur zwischen Menschen. Vielleicht solltet Ihr überlegen, ob Ihr in Euren Ferien mit einer Gruppe hierherkommt, um die Bekanntschaft Gleichaltriger zu machen, vielleicht um eine Zeitlang halbtägig in einem Kibbutz zu arbeiten und Euch das Land anzusehen. Das ist keine aufwendige Sache. Und vielleicht würdet Ihr gerne in ähnlicher Weise einer israelischen Jugendgruppe helfen, zu verstehen, was heute in Eurem Lande vor sich geht.

Nimm bitte mit Deinen 24 Mitschülern meine Komplimente entgegen, dafür, daß Ihr nationalen Haß nicht als selbstverständlich betrachtet, und dafür, daß Ihr in dieser Sache etwas tun wollt.

Mit den besten Wünschen für Euch alle
T.A.

---

The new Germans

I will not sit
In judgment over you.
The burden is too heavy for my back.
What is there between Heaven and Hell
　and Earth
To wash you clean of Dr. Mengele?

Your clean new faces
Are innocent of guile, and of remembrance.
I will not hate you, and I cannot love you,
For I remember when your fathers' faces
Were clean and new.

There is one single thing I ask of you:
Do you not climb the judgment seat.
Do you not tell us
Of right and wrong. It is
A load too heavy for your backs.

## Übersetzung

Die neuen Deutschen

Ich will nicht
Gericht halten über Euch.
Die Bürde ist zu schwer für meinen Rücken.
Was gibt es zwischen Himmel und Hölle
　und Erde,
Das Euch von Dr. Mengele reinwaschen
　könnte?

Eure reinen neuen Gesichter
Sind frei von List, und von Erinnerung.
Ich will Euch nicht hassen, und ich kann
　Euch nicht lieben,
Denn ich erinnere mich daran, daß Eurer
　Väter Gesichter
Rein und neu waren.

Nur um eine einzige Sache bitte ich Euch:
Besteigt Ihr nicht den Richterstuhl.
Sagt Ihr uns nicht
Was recht und unrecht ist. Das ist
Eine Last, zu schwer für Eure Rücken.

Aus Teddy Arnold, Design Problem, 1981.

Die Briefe
von
M. B. Dessaur

Hotel Lexington
LEXINGTON AVENUE AT FORTY-EIGHTH STREET, NEW YORK, N.Y. 10017

Dear Miss Albert,

letter, in answer to mine, in the Jerusalem Post. I read your

It is very unfortunate, that you, the young and new generation in Germany, do not and can not understand the deep feelings some people, like myself have against those, who took away, starved, hit, abused, degraded and / than murdered our dear ones.

And for what reason? They had a different religion and sometimes looked different.

You say, why blame me? I was not even born at that time.

Through all the years I lived outside Israel, people told me: 'Oh, you are Jewish. We don't like you.' So I asked why. The answer was: 'Because you killed Jesus.' Believe me, I even do not know Him. He was killed 1950 years before I was born!!

The Germans do not even realise what they have done. It is not the massacring of 6 million Jews only. It is that I grew up without any grand-parents, aunts and uncles, without cousins.

My children, who were born long after the war ended, just like you, grow up

**Übersetzung**

Hotel Lexington
New York

Liebes Fräulein Alberts,
ich habe Eure Antwort auf meinen Brief in der Jerusalem Post gelesen.

Ich finde es bedauerlich, daß Ihr, die junge und neue Generation in Deutschland, die tiefen Gefühle nicht versteht und nicht verstehen könnt, die einige Leute wie z.B. ich gegen diejenigen hegen, die ihre Lieben verschleppten, verhungern ließen, die sie schlugen, mißbrauchten, erniedrigten und schließlich ermordeten.

Und warum? Sie hatten eine andere Religion und sehen manchmal anders aus. Ihr fragt, warum Ihr daran schuld seid, obwohl Ihr zu der Zeit noch gar nicht geboren wart.

In all den Jahren, die ich außerhalb von Israel verbracht habe, haben die Leute zu mir gesagt: oh, du bist Jude. Wir mögen euch nicht. Auf meine Frage, warum, bekam ich zur Antwort: weil ihr Jesus getötet habt! Glaubt mir, ich kenne IHN gar nicht. Er wurde schon 1950 Jahre vor meiner Geburt getötet. Die Deutschen erkennen nicht einmal, was sie getan haben. Es geht nicht nur um den Mord an 6 Millionen Juden. Es geht auch darum, daß ich ohne Großeltern, Tanten, Onkeln, Vettern und Kusinen aufwuchs.

**Meine Kinder,** die wie Ihr lange nach Kriegsende geboren wurden, wachsen heute!! mit nur 2 Tanten und Onkeln auf, weil meine Eltern und Schwiegereltern wegen des Krieges keine weiteren Kinder hatten. So ist auch nach 2 Generationen das Leiden noch nicht beendet. Und dann unterstützt Eure Regierung heute wegen des Öls beinahe die PLO, die geschworen hat, uns alle zu töten. So sind die Deutschen indirekt immer noch ein wenig am heutigen Mord an den Juden beteiligt.

Wenn euer Supermarktbesitzer Eure Mutter töten würde, käme er ins Gefängnis. Würdet Ihr nach seiner Entlassung weiterhin in seinem Laden kaufen? Aus diesem Grunde kann und will ich nichts Deutsches kaufen, und deswegen versuche ich, durch Anzeigen auch andere dazu zu überreden, es ebenfalls nicht zu tun.

Solange die Generation der Mörder noch lebt und sich in den höheren Rängen des gesellschaftlichen Lebens bewegt, in den Schlüsselpositionen von Wirtschaft und Industrie sitzt, solange es noch Zusammenkünfte ehemaliger SS-Leute gibt, solange kann und will ich nicht aufhören, alles Deutsche zu hassen, weil die heutige Generation dies zuläßt und duldet.

Oh, Ihr demonstriert gegen Atomkraftwerke (die Euch vom arabischen Öl unabhängig machen können), Ihr seid gegen Umweltverschmutzung, aber Ihr toleriert die Tatsache, daß auch heute noch Hunderttausende von Juden leiden, physisch und seelisch, an dem, was die Deutschen ihnen angetan haben.

Selbst die neue Generation leidet daran. Sie wurden von „verstörten" Eltern erzogen, die durch die Hölle gegangen waren.

Warum, glaubt Ihr, ist Israel heute so hart, so militaristisch, so scharf wie ein Falke? Aus Angst, Fräulein Alberts, aus Angst, erneut umgebracht zu werden, dieses Mal von anderen. Aufgrund dieser Angst ist Israel voller Verdacht gegenüber Jedermann.

Die Deutschen haben für ihre Schuld gezahlt, aber sie haben nie tiefe Reue gezeigt. Sie haben nicht einmal den Anstand besessen, den Namen „Volkswagen" zu ändern, einen Namen, den Hitler und/oder seine Kumpane gegeben haben.

Meiner Ansicht nach sind Israels Beziehungen zu Deutschland seine größte Schmach. Israel hätte keine Beziehung eingehen dürfen, solange die Generation der Mörder noch am Leben ist und um sich schlägt und solange die Generation derer, die gelitten haben, noch existiert.

Ich erwarte nicht, daß Ihr das alles versteht, Ihr seid in einem reichen und wohlhabenden Land aufgewachsen, die Vergangenheit, wie sie durch andere Augen aussieht, wurde sorgfältig von Euch ferngehalten.

Bis zu dem Film „Holocaust" hattet Ihr keine Ahnung von dem, was geschehen ist, und „Holocaust" ist nur ein romantisierender und glorifizierender Film. Er berührt die Wahrheit, aber berührt sie eben nur.

Nun, Fräulein Alberts, dies ist meine Antwort auf Eure Antwort.
Sprecht darüber in der Schule.

M.B. Dessaur

███████████████ Israel Jan.22, 1982.

Dear Christine Tipke, Katrin Bahr, Mareike Alberts and all
Others in 10 C.

Thank you very much for your letter. In the meantime I heard from my friend James Springer, that Miss Bahr was in Paris and sent him a postcard telling him she met a girl from Israel and they became friendly.
Maybe this is the right solution, the younger generation getting together and when they do, they usually forget the aches and pains of the generation before them. We did the same thing and there is no reason for you not to do that what is important for the future.
But, there is no future without a past. When the past is glorious, and you do have many glorious events in German History, we celebrate it, but when the past is shameful, we tend to forget and forget fast.
When certain things touch you personally, you get more involved.
Before 1940 we had a very large family, in 1945 there were only three left, my parents and I. Now, this did happen to many families, also German Families, but when you grow up without grandparents and without uncles and aunts and cousins etc. as a child you feel terrible. When you learn later, that the members of your family did not just die or were just murdered or killed, but suffered hunger, lice, fleas, hard-labor, degeneration, dishonor, blows, kicks, starvation, thirst and all kinds of human and animal suffering before death came as a RELIEF, something breaks inside you, a mixture of anger, rage , hatred, pity. When you find out, that is was done, not only to your family, but to millions of others on an enormous scale, you do not go out and look for those responsible, but you hate collectively. That is how my hate for "all Germans" came into being.
Oh, I do have common sense and I do know that not all Germans were and are quilty. But at a certain stage one is not prepared to look for the "good on es" and the "bad ones". Why be so fair? Were they so fair?
Today we see a Germany turning away from Israel and with a new consideration for the Palestinians. This is all nice on paper and as an election campaign slogan. But, we Jews were not welcome in most of our hostcountries, we were killed, burned and otherwise pestered all through our history. Now we have returned to the country of our history, the history told so well in the Bible. The Arab People have only very sporadically had any nation. The Arabs before the twentieth century were nomads, always ruled by far-away masters.
England and France created Arab States out of nothing in order to bind them to them as vasals. Countries as Saudia and Jordan, Syria and Lebanon have no past other than as parts of larger empires. Once they were created, they wanted more.
Palestinian rights excist only in their minds. Cert ainly they have the right to live the lifes of free people, and the right of self-determination, but among their Arab Brothers. Germany and the "modern thinking" people of Europe, find there to be a certain right in the pPalestinian claims, thus creating a fact, that even in our own country we could become a minority and will thus be open to destruction.
If Germany takes part in this, and she did do certain things or almost, like selling tanks to Saudia, she still will have a hand in the destruction of the Jewish People, a thing Hitler set out to do. So, somewhere nothing has realy

changed, be it, that today it is done is a different, more subtle way.

In my humble opinion, what Germany should do, instead of paying money, is to give the Jewish People a certain garantee, that it will live, in it's own country or elsewhere.

This was never done, it would and could have been considered as a kind of repenting I ask myself if Germany realy repents, as we are led to believe?

There were no monuments raised in the larger German Cities commemorating their lost Jewish communities. Hateful names like "Luftwaffe" were not changed in something like "Luftstreitkraefte", even in "Bundeswehr" you have the "wehr" from Wehrmacht. Instead of Bundesarmee or something like that.

Hitler's "brainchild" the Volkswagen STILL CARRIES THE NAME HE GAVE IT T O D A Y !
The Germans did not even have the grace to change that, a simple thing to do in 1945.

So, I wonder, did and do they repent? Are they realy sorry?

In the meantime, do try to grow up as just and honest human beings, be considerate of others and kind, friendly and polite, instead of loud and arrogant and the liking for the German People will come back in due time. Goodness will always prevail over bad. It may take some time, but it always does.

Thanks again for your letter, I am full of admiration that you did dare to take on this painful subject. May your world be nicer and more livable than mine!!!

*Mordechai B. Dessaur*

## Übersetzung

Liebe Christine Tipke, Katrin Bahr, Mareike Alberts und alle anderen der 10 c     Israel, 22. Jan. 1982

Habt Dank für Euren Brief. In der Zwischenzeit hörte ich von meinem Freund James Springer, daß Fräulein Bahr in Paris gewesen ist und ihm von dort eine Postkarte geschickt hat, auf der sie mitteilt, daß sie ein Mädchen aus Israel getroffen und sich mit ihm befreundet hat.

Vielleicht ist das die richtige Lösung, daß die jüngere Generation zusammenkommt, und wenn das geschieht, vergißt man gewöhnlich den Kummer und die Ängste der vorhergehenden Generation.

Wir machten es genauso, und es spricht nichts dagegen, daß Ihr das tut, was für die Zukunft wichtig ist.

Aber es gibt keine Zukunft ohne Vergangenheit. Wenn die Vergangenheit ruhmreich ist – und Ihr verzeichnet viele ruhmreiche Ereignisse in Eurer Geschichte – feiern wir sie, aber wenn die Vergangenheit beschämend ist, neigen wir dazu, sie zu vergessen, und wir vergessen schnell. Wenn bestimmte Dinge einen persönlich angehen, ist man betroffener.

Vor 1940 waren wir eine große Familie, 1945 waren wir nur noch zu dritt, meine Eltern und ich. Nun, dies geschah vielen Familien, auch deutschen Familien, aber wenn man als Kind ohne Großeltern, Onkeln, Tanten, Vettern etc. aufwächst, fühlt man sich miserabel. Wenn man später erfährt, daß die Familienmitglieder nicht einfach gestorben sind oder einfach umgebracht oder ermordet wurden, sondern unter Hunger, Läusen, Flöhen, Arbeitslager, Durst und allen (nur denkbaren) Arten menschlichen und tierischen Leidens litten, bevor der Tod als ERLÖSUNG kam, bricht etwas in einem auf, eine Mischung aus Ärger, Wut, Haß, Mitleid. Wenn man herausfindet, daß das, was getan wurde, nicht nur der eigenen Familie, sondern Millionen anderer in unvorstellbarem Ausmaß angetan wurde, versucht man nicht, die Verantwortlichen zu finden, sondern haßt alle kollektiv. So kam es zu meinem Haß auf „alle" Deutschen.

Natürlich besitze ich gesunden Menschenverstand und weiß, daß nicht alle Deutschen schuldig waren und sind. Aber in einer gewissen Lage ist man nicht bereit, zwischen den „Guten" und den „Schlechten" zu differenzieren. Warum so fair sein? Waren sie so fair?

Heute sehen wir ein Deutschland, das sich von Israel abwendet und das sich den Palästinensern nähert. Das macht sich auf Papier und als Wahlkampfslogan ganz gut. Aber wir Juden waren in den meisten unserer Gastländer nicht willkommen, wir wurden getötet, verbrannt und in anderer Weise geplagt während unserer ganzen Geschichte. Nun sind wir ins Land unserer Geschichte zurückgekehrt, der Geschichte, die so gut in der Bibel erzählt wird. Vom arabischen Volk konnte man sehr selten als von der Nation reden. Vor dem 20. Jahrhundert waren die Araber Nomaden, die von weit entfernt lebenden Herrschern regiert wurden.

England und Frankreich haben die arabischen Staaten aus Nichts geschaffen, um sie an sich zu binden als ihre Vasallen. Länder wie Saudi-Arabien und Jordanien, Syrien und der Libanon haben in der Vergangenheit stets nur jeweils als Teile größerer Staatswesen existiert. Kaum waren sie selbständig, wollten sie mehr.

Die Rechte der Palästinenser existieren nur in ihren Köpfen. Selbstverständlich haben sie das Recht, das Leben freier Menschen zu leben, und das Recht auf Selbstbestimmung – aber zusammen mit ihren arabischen Brüdern. Deutschland und die „modern denkenden" Menschen Europas halten die palästinensischen Forderungen in gewisser Weise für berechtigt und schaffen damit ein Faktum, daß wir sogar in unserem eigenen Land eine Minderheit werden können und damit der Vernichtung preisgegeben. Wenn Deutschland daran Anteil hat – und es tat bereits gewisse Dinge, oder doch zumindest beinahe, wie z.B. Panzer an Saudi-Arabien zu verkaufen – wird es immer noch beteiligt sein an der Vernichtung des jüdischen Volkes, an dem Werk, das Hitler zu tun entschlossen war. So hat sich irgendwie nichts wirklich geändert, es sei denn, daß, was heute getan wird, auf eine andere, subtilere Weise geschieht.

Ich bin der schlichten Ansicht, daß Deutschland, anstatt Geld zu zahlen, dem jüdischen Volk eine gewisse Garantie geben sollte, daß es leben wird, in seinem eigenen Land und anderswo.

Dies ist bislang nicht geschehen, es würde und könnte als eine Art von Reue betrachtet werden. Ich frage mich, ob Deutschland wirklich bereut, wie man uns glauben machen will. In keiner größeren Stadt wurde ein Denkmal zur Erinnerung an die verlorenen jüdischen Gemeinden errichtet. Verhaßte Namen wie „Luftwaffe" sind nicht in so etwas wie „Luftstreitkräfte" geändert worden, selbst im Wort „Bundeswehr" steckt noch das Wort „wehr" aus Wehrmacht – statt Bundesarmee oder etwas ähnlichem.

Hitlers geistiges Kind, der Volkswagen, TRÄGT HEUTE NOCH DEN NAMEN, DEN ER IHM GAB!

Die Deutschen besaßen nicht einmal den Anstand, das zu ändern, was 1945 einfach gewesen wäre. So frage ich mich, ob sie wirklich Reue zeigten und zeigen? Tut ihnen das Geschehene wirklich leid?

Versucht in der Zwischenzeit, als gerechte und ehrliche Menschen aufzuwachsen, nehmt Rücksicht auf andere und seid freundlich und höflich statt laut und arrogant, dann wird das deutsche Volk irgendwann auch wieder beliebt sein. Das Gute siegt immer über das Schlechte. Es mag eine Zeitlang dauern, aber es siegt immer.

Noch einmal Dank für Euren Brief, ich bewundere Euren Mut, Euch auf ein so schmerzliches Thema einzulassen. Möge Eure Welt schöner und lebenswerter als meine sein!

Mordechai B. Dessaur

Frl. Katrin Bahr
Schliemannstr. 44
4006 Eckrath
 Germany.

Rishon-le-Tsion  22-2-82.

Dear Miss Bahr,

I write to you, because you are the one who writes to my pen-pal Springer. It did not seem right to prolong any discussions with class 10c, for our mutual understanding can hardly be bridged. For you, this letter may only be an exercise in English.

I will again try to explain, but in a different way, hopefully easier for you to understand.

My hatred for Germany and the Germans is a stated fact, but ……, as I was born in Holland, I am also nearer to anything German than any other non-German.

Our ways, manners, the way-we-do-things, etc. etc. are very much alike.

It is therefore I am confused. It is like hating - or disliking - a brother or a sister. You know you hate him or her but it never is wholeheartedly - there is always some remains of love and understanding. This sounds strange, but it is the closest I can get to explaining.

Whatever there was in the past - whatever there is to-day, there is always the future.!

My son, a boy your age (17½) always says: "That was terrible, it was beastly, but, for Heaven's sake, it was a hundred years ago!". Maybe he is right. You and he, your class and his class, your generation and his generation will live a long time after all the murderers and victims have gone and you will build a world just for you and with your ideas and ideals. Let us hope you (and he) will never make the mistakes of your parents and grand-parents and let us hope that my son will have learned from the mistakes of his parents and grand-parents, so that, instead of being led like sheep to the butcher, he will know how to defend himself in a country he can call his own.

I felt sorry you told Mr. Springer about my letter instead of writing to me directly, without any

## II

in-between.
Did you find it easier to write to Mr. Springer instead of to tackle a "hard nut" like me? Well, you don't have to be afraid. Remember: I don't bite, I was bitten!
Miss Bach, be well and be strong. Never let a noisy minority-group lead you by the nose. Always use your own brains and your own judgement. Never let others make YOUR decisions. Maybe then – there is still hope for the future for your generation.
That you can tell to your class-mates.
And if ever you'll be in Israel and we may meet – well, don't be afraid – I still do not bite. I work for our National Airline, so I meet many German groups. I may not be overwhelmed with love for them – but – on the other hand – I keep my cool and my professional politeness and I try not to get involved with anyone over the age of 50. Surprise – surprise – when I was your age I even had a German girl-friend! I thought she was Swiss! By the time I found out – it was too late – cupid had shot his arrows. She was a "Pfarrers-Tochter" from Düsseldorf and who knows, she might be the mother of one of your class-mates. The world is so small today!

Again, be well – and always try to
be good – to yourself and to others,

Yours

Mordechai B. Dessau.

ISRAEL

**Übersetzung**

Frl. Katrin Bahr
Schliemannstr. 44
4006 Erkrath
Germany

22.2.1982

Liebes Frl. Bahr

Ich schreibe an Sie, weil Sie es sind, die an meinen Brieffreund Springer schreiben. Es schien mir nicht passend, weitere Diskussionen mit der Klasse 10e zu führen: wir werden uns nie völlig verstehen. Vielleicht ist dieser Brief für Sie auch nur eine Englischübung.

Ich werde versuchen, nocheinmal, aber diesmal auf eine andere Weise, meine Meinung zu erklären. Ich hoffe, daß Sie sie so besser verstehen. Mein Haß auf Deutschland und auf die Deutschen steht fest, aber . . . da ich in Holland geboren bin, bin ich allen Deutschen näher als jeder andere Nicht-Deutsche. Unsere Lebensart, unsere Manieren, die Art, Dinge zu erledigen usw. sind sehr ähnlich. Deshalb bin ich verwirrt. Es ist, als ob ich einen Bruder oder eine Schwester hasse, aber es wird nie aus ganzem Herzen sein; es bleibt immer ein bißchen Liebe und Verständnis. Dies klingt merkwürdig, aber ich kann es nicht besser erklären.

Was auch immer in der Vergangenheit geschah, was auch immer heute geschieht, es gibt immer die Zukunft!

Mein Sohn, ein Junge in Ihrem Alter (17 1/2) sagt immer: „Das war schrecklich, das war furchtbar, aber um Himmels willen, es ist schon 100 Jahre her!" Vielleicht hat er recht. Sie und er, Ihre Klasse und seine Klasse, Ihre Generation und seine Generation werden noch lange leben, nachdem alle Mörder und Opfer gestorben sind, und Ihr werdet eine Welt formen, die nur für Euch ist und Euren Ideen und Idealen entspricht. Laßt uns hoffen, daß Sie (und er) nie wieder die Fehler Eurer Eltern und Großeltern machen, und laßt uns hoffen, daß mein Sohn von den Fehlern seiner Eltern und Großeltern gelernt haben wird, so daß er, anstatt wie ein Schaf zum Schlachter geführt zu werden, wissen wird, sich zu verteidigen, in einem Land, das er sein eigenes nennen darf.

Es tut mir leid, daß Sie Herrn Springer von meinem Brief erzählten, anstatt direkt an mich zu schreiben, ohne jede Zwischenstation. Fanden Sie es leichter, an Herrn Springer zu schreiben, anstatt sich mit einer harten Nuß wie mir auseinanderzusetzen? Sie brauchen aber keine Angst zu haben. Vergessen Sie nicht . . . ich beiße nicht; ich wurde gebissen.

Frl. Bahr, seien Sie gesund und seien Sie stark. Lassen Sie nie eine lärmende Minderheit Sie zu etwas verleiten. Gebrauchen Sie Ihren eigenen Verstand und Ihr eigenes Urteil. Lassen Sie andere nie Ihre Entscheidungen treffen.

Vielleicht gibt es dann Hoffnung für die Zukunft, für Ihre Generation.

Das dürfen Sie Ihren Klassenkameraden sagen. Und sollten Sie mal in Israel sein und sollten wir uns treffen – haben Sie keine Angst – ich beiße immer noch nicht. Ich arbeite bei unserer nationalen Fluggesellschaft, und dadurch habe ich mit vielen Gruppen Deutscher Kontakt. Ich bin nicht gerade überwältigt von Liebe zu ihnen, aber andererseits bewahre ich Haltung und berufliche Höflichkeit, und ich versuche möglichst nichts mit Leuten über 50 Jahren zu tun zu haben. Als ich so alt wie Sie war, hatte ich – überraschenderweise – eine deutsche Freundin. Ich dachte, sie sei Schweizerin! Als ich die Wahrheit erfuhr, war es schon zu spät. Amor hatte seine Pfeile schon abgeschossen. Sie war eine Pfarrerstochter aus Düsseldorf, und wer weiß, vielleicht ist sie die Mutter von einem Ihrer Klassenkameraden. Die Welt ist heute so klein.

Ich wünsche Ihnen nochmals Gesundheit. Versuchen Sie immer gut zu sich und zu anderen zu sein!

Ihr
Mordechai B. Dessaur

Anhang

# Buttenhausen, ein Dorf und seine jüdische Vergangenheit

Der kleine Ort Buttenhausen auf der schwäbischen Alb, nicht weit von der Kreisstadt Münsingen, hat etwa 1000 Einwohner.

Die nachfolgenden Daten machen die Geschichte dieser christlich-jüdischen Gemeinde deutlich:

**1755** Das Amtsprotokoll verzeichnet die ersten jüdischen Bürger.

**1788** Buttenhausen hat 209 christliche und 14 jüdische Einwohner. Mit der Zeit ziehen mehr jüdische Einwohner in den Ort. Der 1787 ausgestellte Judenschutzbrief erlaubt 40 jüdischen Familien, in Buttenhausen seßhaft zu werden. Wie sich die Zahl der jüdischen gegenüber der der christlichen Einwohner verändert, ergibt sich aus folgenden Daten:

**1801** 140 jüd. und 226 christl. Einwohner
**1830** 260 jüd. und 286 christl. Einwohner
**1870** 442 jüd. und 392 christl. Einwohner.

Zu dieser Zeit gibt es in Buttenhausen 77 jüdische und 71 christliche Hausbesitzer. Die Synagoge (erbaut 1785) wird umgebaut und vergrößert. Zwei Schulen entstehen. Der jüdische Friedhof wird angelegt. Wie sich Fabrikation und Handel der Juden in Buttenhausen entwickeln, zeigen nachfolgende Daten:

**1823** wird jüdischen Metzgern erlaubt, Fleisch an Christen zu verkaufen

**1826** Errichtung der ersten jüdischen Gastwirtschaft

**1827** Errichtung einer Eisenwarenhandlung

**1839** Errichtung einer Schilderwirtschaft

**1835** errichtet Simon Bernheimer eine Fabrik für Ellenwaren mit 2 Webstühlen, 2 Gesellen und 1 Lehrling.

**1845** Manche der jüdischen Bürger sind im öffentlichen Leben tätig. Sie nehmen in der Gesellschaft ihrer Zeit eine bedeutende Stellung ein, so z.B. Simon Bernheimer, Besitzer des Fladhofes (140 Morgen) und Bandfabrikant. Ihm wird das aktive Bürgerrecht zugesprochen.

**1856** Der jüdische Chirurg Wolf Schweizer wird als Arzt und Geburtshelfer eingesetzt.

**1920** Bis in die zwanziger Jahre unseres Jahrhunderts entstehen viele Läden, Werkstätten und Fabriken wie Krämerläden, Lederhandlungen, Band- und Ellenwarenläden, Spezerei-Geschäfte, Baumwoll-Läden, eine Zigarrenfabrik.

## Im Dritten Reich

**1933** Auflösung der jüdischen Schule. Eine Gemeindewahl wird durchgeführt, 6 Gemeinderäte werden gewählt, darunter ein Jude.

**1938** In der „Reichskristallnacht" wird die Synagoge in Brand gesteckt. Die Buttenhausener Feuerwehr löscht diesen jedoch. Die Synagoge wird wenig später durch auswärtige SA-Leute erneut in Brand gesetzt, wobei die örtliche Feuerwehr mit Gewalt daran gehindert wird, zu löschen.

Später wird der Versuch gemacht, die Realschule in Brand zu setzen. Diese Schule war 1901 von dem jüdischen Kommerzialrat Lehmenn Bernheimer aus München gestiftet worden. Der 1938 amtierende Bürgermeister Hirrle rettet mit gezogener Pistole die jüdische Schule vor der Vernichtung. Acht jüdische Bürger werden verhaftet und in das KZ Dachau eingeliefert. Sie kommen durch den Einsatz des Bürgermeisters frei. Buttenhausener Bürger verhindern wenig später die Zerstörung des jüdischen Friedhofes.

**1939** Es gibt nur noch 44 jüdische Einwohner.

**1939-41** Buttenhausen wird Sammellager für Juden aus der weiteren Umgebung

**1941** Beginn der Deportation

| | | |
|---|---|---|
| 1. Dezember 1941 | nach Riga | 23 Personen |
| 26. April 1942 | nach Izbica/Polen | 12 Personen |
| 13. Juli 1942 | nach Auschwitz | 1 Person |
| 22. August 1942 | nach Theresienstadt | 71 Personen |
| 1. März 1943 | nach Auschwitz | 1 Person |
| 17. April 1943 | nach Theresienstadt | 4 Personen |
| 17. Juni 1943 | nach Auschwitz | 4 Personen |
| 11. Januar 1944 | nach Theresienstadt | 1 Person |
| vor der Deportation begingen Selbstmord | | 6 Personen |

**1945** Es gibt keine jüdischen Einwohner mehr.

**1945** April:
Verbrennung des Gemeinderatsprotokollbuchs Nr. 15, sowie des „Albums der jüdischen Bürger" von Buttenhausen durch französische Offiziere im Rathaus.

**1961** Einweihung des Mahnmals zum Gedenken an die jüdischen Bürger zu Buttenhausen.

**1966** Einweihung des Gedenksteins zur Erinnerung an die zerstörte Synagoge.

Der jüdische Friedhof 1983

Gedenktafel auf dem jüdischen Friedhof. Sie ist das einzige, was an die jüdische Vergangenheit Buttenhausens erinnert. – Heute leben in dem Ort keine Juden mehr.

# Die nationalsozialistische Judenverfolgung 1933 – 1945

**1933** 1. April: Boykott aller jüdischen Geschäfte in Deutschland durch die SA. Die Aktion richtete sich auch gegen jüdische Ärzte und Rechtsanwälte sowie gegen den Besuch von Schulen und Universitäten durch Juden.

7. April: Gesetz „zur Wiederherstellung des Berufsbeamtentums". Entfernung vieler jüdischer Beamter. Noch Schonung der Frontkämpfer aus dem Weltkrieg.

14. Juli: Gesetz über den Widerruf von Einbürgerungen und die Aberkennung der deutschen Staatsangehörigkeit. In erster Linie gegen die nach 1918 eingebürgerten Juden aus den bis dahin deutschen Ostgebieten gerichtet.

22. September: Reichskulturkammer-Gesetz: Ausschaltung der jüdischen Schriftsteller und Künstler.

4. Oktober: Schriftleiter-Gesetz: Ausschaltung der jüdischen Redakteure.

**1935** 21. Mai: Wehrgesetz: „arische Abstammung" Voraussetzung zum Wehrdienst. Im Sommer nehmen die „Juden-unerwünscht"-Schilder an Ortseingängen, an Geschäften und Restaurants zu.

15. September: Reichsparteitag der NSDAP. Der Reichstag beschließt auf einer Sondersitzung die antisemitischen „Nürnberger Gesetze", das „Reichsbürgergesetz" und das „Gesetz zum Schutze des deutschen Blutes und der deutschen Ehre". Sie sind die Grundlage für die Ausschaltung der Juden aus allen öffentlichen Arbeitsverhältnissen und für die Deklassierung der jüdischen Bürger in ihren politischen Rechten.

14. November: 1. Verordnung zum Reichsbürgergesetz: Aberkennung des Wahlrechts und der öffentlichen Ämter; Entlassung aller jüdischen Beamten, einschließlich aller Frontkämpfer. Definition des „Juden".
1. Verordnung zum Gesetz zum Schutze des deutschen Blutes und der deutschen Ehre: Verbot der Eheschließung zwischen Juden und Nichtjuden, die Arbeitsmöglichkeiten für Juden werden auf ganz wenige Berufszweige eingeengt. Jüdische Kinder dürfen bald mit anderen Kindern nicht mehr denselben Sportplatz oder die Umkleidekabinen benutzen.

**1936** 1. August: Eröffnung der Olympischen Spiele in Berlin. Die antisemitischen Schilder werden vorübergehend entfernt.

**1937** Beginn der „Arisierung" der Wirtschaft: Die jüdischen Inhaber werden (ohne gesetzliche Grundlage) gezwungen, ihre Unternehmen meist erheblich unter dem wahren Wert zu verkaufen.

12. Juni: Geheimerlaß Heydrichs betr. Schutzhaft für „Rassenschänder" nach Abschluß des ordentlichen Gerichtsverfahrens.

**1938** 13. März: „Anschluß" Österreichs und Beginn der Verfolgung der österreichischen Juden.

28. März: Gesetz über die Rechtsverhältnisse der jüdischen Kultusvereinigungen: Jüdische Gemeinden sind nicht mehr Körperschaften des öffentlichen Rechts, sondern nur noch rechtsfähige Vereine.

22. April: Verordnung gegen „Tarnung jüdischer Gewerbebetriebe".

26. April: Verordnung über die Anmeldung aller jüdischen Vermögen über 5000 Reichsmark.

9. Juni: Zerstörung der Münchener Synagoge.

14. Juni: Verordnung über die Registrierung und Kennzeichnung jüdischer Gewerbebetriebe. Anlegung von Listen vermögender Juden bei Finanzämtern und Polizeirevieren.

15. Juni: „Asozialen-Aktion": Verhaftung aller „vorbestraften" Juden, einschl. der wegen Verkehrsvergehen u.ä. Belangten, und Einweisung in Konzentrationslager (ca. 1500 Personen).

23. Juli: Einführung einer Kennkarte für Juden ab 1.1.1939.

25. Juli: Verordnung über Streichung oder Approbationen aller jüdischen Ärzte ab 30.9.1938. Danach können jüdische Ärzte nur noch als „Krankenbehandler" für Juden tätig sein.

10. August: Zerstörung der Nürnberger Synagoge.

17. August: Verordnung zur Durchführung des Gesetzes über die Änderung von Familiennamen und Vornamen: ab 1.1.1939 müssen Juden ihrem Vornamen den Namen „Israel" oder „Sara" hinzusetzen.

27. September: Verordnung über Streichung der Zulassung aller jüdischen Rechtsanwälte ab 30.11.1938. Weitere Tätigkeit nur in Ausnahmefällen als „jüdische Konsulenten" für Juden.

5. Oktober: Verordnung über Reisepässe: Einziehung der Pässe und (erschwerte) Neuausgabe mit Kennzeichen „J".

28. Oktober: Ausweisung von 15000-17000 Juden, die polnische Staatsangehörige waren.

7. November: Herschel Grynszpan, dessen Eltern von dieser Aktion betroffen sind, erschießt in Paris den deutschen Gesandtschaftsrat Ernst vom Rath.

9./10. November: „Reichskristallnacht": Staatlich organisierter Pogrom gegen die Juden in Deutschland: Zerstörung von Synagogen, Geschäften, Wohnhäusern. Verhaftung von über 26000 männlichen Juden und Einweisung in die Konzentrationslager Dachau, Buchenwald und Sachsenhausen. Mindestens 91 Juden werden getötet.

12. November: Verordnung über „Sühneleistung" der deutschen Juden in Höhe von 1 Milliarde Mark. Verordnung zur Ausschaltung der deutschen Juden aus dem Wirtschaftsleben. Verordnung zur Wiederherstellung des Straßenbildes bei jüdischen Gewerbebetrieben: Juden haben alle Schäden selbst zu bezahlen. Verbot des Besuches von Theatern, Kinos, Konzerten u.a. kulturellen Veranstaltungen für Juden.

28. November: Polizeiverordnung über das Auftreten der Juden in der Öffentlichkeit; Einschränkung der Bewegungsfreiheit etc.

3. Dezember: Einziehung der Führerscheine. Schaffung eines „Judenbanns" in Berlin.

13. Dezember: Verordnung über Zwangsveräußerung („Arisierung") jüdischer Gewerbebetriebe.

**1939** 17. Januar: Verordnung über das Erlöschen der Zulassung von jüdischen Zahnärzten, Tierärzten und Apothekern.

24. Januar: Gründung der Reichszentrale für jüdische Auswanderung mit Zentralämtern in Wien und Prag. Forcierung des Auswanderungsdruckes.

30. Januar: Hitler prophezeit vor dem Reichstag für den Fall eines Krieges „die Vernichtung der jüdischen Rasse in Europa".

15. März: Besetzung der Tschechoslowakei: „Protektorat Böhmen und Mähren". Einführung der im Reichsgebiet geltenden antijüdischen Verordnungen.

30. April: Gesetz über Mietverhältnisse mit Juden: Gesetzliche Vorbereitung zur Zusammenlegung jüdischer Familien in „Judenhäusern", Aufhebung des Räumungsschutzes.

1. September: Deutscher Angriff auf Polen: Beginn des Zweiten Weltkrieges. Zahlreiche Pogrome in Polen. In Deutschland Ausgangsbeschränkungen für Juden (im Sommer ab 21 Uhr, im Winter ab 20 Uhr).

21. September: Richtlinien Heydrichs für die Einsatzgruppen in Polen („Ghettoisierung").

23. September: Beschlagnahme der Rundfunkgeräte bei Juden.

27. September: Gründung des Reichssicherheitshauptamtes.

12. Oktober: Erste Deportierungen aus Österreich und dem „Protektorat" nach Polen.

12. Oktober: Errichtung des Generalgouvernements in den von Deutschen besetzten Gebieten Polens.

28. Oktober: Erste Einführung des Judensterns in Wloclawek, Polen.

8. November: Hans Frank wird zum Generalgouverneur ernannt (Sitz: Krakau).

23. November: Einführung des Judensterns im ganzen Generalgouvernement.

**1940**  10.-13. Februar: Erste Deportation aus Pommern (Stettin, Stralsund, Schneidemühl) nach Lublin in Polen.

20. April: Geheimerlaß des Oberkommandos der Wehrmacht: Entlassung der Mischlinge und Ehemänner von Jüdinnen.

30. April: Erstes bewachtes Ghetto in Lodz wird errichtet.

15. August: Eichmanns Madagaskar-Plan.

16. Oktober: Befehl zur Errichtung des Warschauer Ghettos.

22. Oktober: „Aktion Bürckel": Deportation der Juden aus Elsaß-Lothringen, Saarland, Baden nach Südfrankreich – 1942 nach Auschwitz.

15. November: Hermetische Abriegelung des Warschauer Ghettos.

**1941**  22./23. Januar: Erste Judenmassaker in Rumänien.

Febr./April: Deportation von 72000 Juden ins Warschauer Ghetto.

22.-23. Februar: Deportation von 400 jüdischen Geiseln aus Amsterdam nach Mauthausen.

7. März: Einsatz deutscher Juden zur Zwangsarbeit.

14. Mai: Verhaftung von 3600 Pariser Juden.

22. Juni: Deutscher Angriff auf die Sowjetunion.

Juni/August: Zahlreiche Pogrome in den besetzten russischen Gebieten.

8. Juli: Einführung des Judensterns in den baltischen Staaten.

31. Juli: Göring beauftragt Heydrich mit der Evakuierung aller europäischen Juden. Beginn der „Endlösung".

1. September: Polizeiverordnung über Einführung des Judensterns im Reich ab 19.9. für alle Juden vom 6. Lebensjahr an.

23. September: Erste Versuchsvergasung in Auschwitz.

27. September: Heydrich wird „Reichsprotektor in Böhmen und Mähren".

28./29. September: Massenmorde in Kiew (34000 Opfer).

12./13. Oktober: Massaker in Dnjepropetrowsk (11000 Opfer).

14. Oktober: Erste Deportationsbefehle für deutsche Juden aus dem „Altreich".

23. Oktober: Verbot der Auswanderung von Juden.

Okt./Nov.: Grausame Judenvernichtungen in ganz Südrußland.

25. November: Verordnung über Einziehung jüdischen Vermögens bei Deportation.

Anfang Dez.: Blutbad in Riga, dem auch die ersten Judentransporte aus dem Reich zum Opfer fallen (2700 Opfer).

22. November: Blutbad in Wilna (32000 Opfer).

Ende Dez.: Beginn der Massenvernichtung in Chelmno.

30. Dezember: Blutbad in Simferopol auf der Krim (10000 Opfer).

**1942**  15. Januar: Beginn der „Umsiedlungsaktion" von Lodz nach Chelmno.

20. Januar: „Wannsee-Konferenz" über die Deportation und Ausrottung des europäischen Judentums („Endlösung")

31. Januar: Bericht der Einsatzgruppe A über die Liquidierung von 229052 Juden in den baltischen Staaten.

Ende Jan.: Beginn der Deportation nach Theresienstadt.

Febr./März: Massenmord an den Juden in Charkow (14000 Opfer).

6. März: 1. Sterilisationskonferenz: Erörterungen über Sterilisierung der „Mischlinge".

16./17. März: Das Vernichtungslager Belzec wird errichtet.

Mitte März: Beginn der „Aktion Reinhard".

21. März: „Umsiedlung" des Lubliner Ghettos: 26000 Menschen werden nach Belzec, Majdanek und in andere Lager gebracht.

26. Mai: Bekanntmachung über die Kennzeichnung jüdischer Wohnungen im Reich.

Ab Ende März: Eintreffen der ersten europäischen Judentransporte in Auschwitz.

24. April: Verbot der Benutzung öffentlicher Verkehrsmittel durch Juden im Reich. Ausnahmen für Zwangsarbeiter nur, wenn der Arbeitsplatz mehr als 7 km vom Wohnort entfernt ist. Sitzen in den Verkehrsmitteln verboten. (Weitere Einschränkungen im Laufe des Krieges: Es war Juden u.a. verboten, sich öffentlicher Fernsprecher und Fahrkartenautomaten zu bedienen, sich auf Bahnhöfen aufzuhalten und Gaststätten zu besuchen; Wälder und Grünanlagen zu betreten; sich Hunde, Katzen, Vögel oder andere Haustiere zu halten; an „arische" Handwerksbetriebe Aufträge zu geben; Zeitungen und Zeitschriften aller Art zu beziehen. Entschädigungslos abgeliefert werden mußten elektrische und optische Geräte, Fahrräder, Schreibmaschinen, Pelze und Wollsachen. Juden erhielten keine Fischwaren, Fleischkarten, Kleiderkarten, Milchkarten, Raucherkarten, kein Weißbrot, kein Obst oder Obstkonserven, keine Süßwaren und keine Rasierseife.)

Anfang Mai: Errichtung des Vernichtungslagers Sobibor.

Ab Anfang Juni: Beginn der Massenvergasungen in Auschwitz.

1. Juni: Einführung des Judensterns in Frankreich und Holland.

2. Juni: Beginn der Deportation deutscher Juden nach Theresienstadt.

30. Juni: Schließung der jüdischen Schulen im Reich.

Juli: Errichtung des Vernichtungslagers Treblinka. Massaker in Minsk, Lida, Slonim und Rowno.

15. Juli: Erster Deportationszug aus Holland nach Auschwitz. Großrazzien in Paris.

22. Juli: Die „Umsiedlung" der Warschauer Ghetto-Bewohner in die Vernichtungslager Belzec und Treblinka beginnt.

4. August: Erste Deportation aus Belgien nach Auschwitz.

10.-22. August: „Umsiedlung" im Lemberger Ghetto.

28. August: Verhaftung von 7000 staatenlosen Juden im unbesetzten Frankreich.

Aug./Sept.: Deportation aus Zagreb, Kroatien, nach Auschwitz. Vergasung aus Theresienstadt deportierter Juden bei Minsk.

9. September: Massaker bei Kislowodsk, Kaukasus.

16. September: „Umsiedlung" im Ghetto Lodz beendet (55000 Opfer.)

30. September: Hitler wiederholt öffentlich seine Voraussage der Vernichtung des Judentums.

3. Oktober: „Umsiedlung" im Warschauer Ghetto beendet.

4. Oktober: Die deutschen Konzentrationslager werden „judenfrei": alle jüdischen Häftlinge werden nach Auschwitz geschickt.

18. Oktober: Das Reichsjustizministerium überträgt die Verantwortung für Juden und Ostbürger im Reich an die Gestapo.

27. Oktober: 2. Sterilisationskonferenz.

29. Oktober: Massenexekution der Juden in Pinsk (16000 Opfer).

25. November: Erste Judendeportation aus Norwegen nach Auschwitz.

17. Dezember: Die Alliierten versprechen feierlich, die Ausrottung der Juden zu sühnen.

**1943**   18. Januar: Erster Widerstand gegen die Deportationen im Warschauer Ghetto.

20.-26. Januar: Transporte aus dem Ghetto Theresienstadt nach Auschwitz.

5.-12. Februar: Erste „Umsiedlung" in Bialystok.

27. Februar: Deportation der jüdischen Rüstungsarbeiter aus Berlin nach Auschwitz.

März: Transporte aus Holland nach Sobibor; aus Prag, Wien, Luxemburg und Mazedonien nach Treblinka.

März/Mai: Zweite „Umsiedlung" in Kroatien.

13. März: Auflösung des Ghettos Krakau. Das erste der neuen Krematorien in Auschwitz eröffnet.

15. März: Deportationen aus Saloniki und Thrazien.

19. April - 16. Mai: Aufstand und Vernichtung des Warschauer Ghettos.

11. Juni: Himmler befiehlt die Liquidierung aller polnischen Ghettos. Durch Erlaß vom 21. Juni auf die Sowjetunion ausgedehnt.

21.-27. Juni: Liquidierung des Lemberger Ghettos (22000 Menschen).

25. Juni: Aufstand und Vernichtung des Ghettos Tschenstochau.

1. Juli: 13. Verordnung zum Reichsbürgergesetz: Unterstellung der Juden im Reich unter Polizeirecht.

2. August: Aufstand in Treblinka.

16.-23. August: Aufstand und Vernichtung des Ghettos Bialystok.

11. September: Beginn der deutschen Razzia auf Juden in Nizza.

11.-14. September: Liquidierung der Ghettos in Minsk und Lida.

11.-18. September: „Familientransporte" aus Theresienstadt nach Auschwitz.

23. September: Liquidierung des Ghettos Wilna.

25. September: Smolensk von sowjetischen Truppen zurückerobert. Liquidierung aller Ghettos in Bjelorußland.

13. Oktober: Italien erklärt Deutschland den Krieg.

14. Oktober: Aufstand in Sobibor.

18. Oktober: Erster Judentransport Rom-Auschwitz.

3. November: Liquidierung des Ghettos Riga. Ermordung der im Konzentrationslager Majdanek verbliebenen Juden (17000 Opfer).

6. November: Kiew von sowjetischen Truppen zurückerobert.

28. November: Konferenz in Teheran.

15.-19. Dezember: Erster Prozeß gegen deutsche Kriegsverbrecher in Charkow.

**1944** Während die sowjetischen Truppen weiter vordringen:

14. April: Erster Judentransport Athen-Auschwitz.

15. Mai-8. Juli: Deportation von 476000 Juden aus Ungarn nach Auschwitz.

6. Juni: Beginn der alliierten Invasion in der Normandie.

23. Juni: Beginn der sowjetischen Offensive.

20. Juli: Sowjetische Truppen befreien das KZ Majdanek.

25. Juli: Ghetto Kowno evakuiert.

6. August: Deportation von 27000 Juden aus Lagern östlich der Weichsel nach Deutschland.

23. August: Sammellager Drancy (Paris) befreit. Rumänien kapituliert.

5. September: Ghetto Lodz evakuiert.

11. September: Britische Truppen erreichen Holland.

13. September: Sowjetische Truppen an der slowakischen Grenze.

September: Abtransport aller Juden in holländischen Lagern nach Deutschland. Neue Deportationen von Theresienstadt nach Auschwitz. Letzter Transport aus Frankreich nach Auschwitz.

14. September: Amerikanische Truppen an der deutschen Grenze.

23. September: Blutbad im Lager Kluga, Estland. Wiederaufnahme der Deportationen aus ser Slowakei.

7. Oktober: Ausbruchsversuch in Auschwitz-Birkenau.

18. Oktober: Hitler befiehlt die Aufstellung des „Volkssturms".

Ende Oktober: Die Überlebenden des KZ Plaskow (Krakau) werden nach Auschwitz transportiert. Letzte Vergasungen in Auschwitz.

November: Prozeß gegen den Stab des Vernichtungslagers Majdanek in Lublin.

3.-8. November: Sowjetische Truppen vor Budapest.

18. November: Eichmann deportiert 38000 Juden aus Budapest in die Konzentrationslager Buchenwald, Ravensbrück u.a. Lager.

26. November: Befehl Himmlers zur Zerstörung der Krematorien in Auschwitz-Birkenau.

**1945**  16. Januar: Sowjetische Truppen befreien 800 Juden in Tschenstochau und 870 in Lodz.

17. Januar: Befreiung von 80000 Juden in Budapest.

26. Januar: Auschwitz wird durch sowjetische Truppen befreit.

4. Febraur: Konferenz von Jalta, Krim.

3. März: Amerikanische Truppen am Rhein.

19. März: Hitler befiehlt die Zerstörung ganz Deutschlands.

6.-10. April: Evakuierung von 15000 Juden aus Buchenwald.

11. April: Buchenwald wird von amerikanischen Truppen befreit.

15. April: Konzentrationslager Bergen-Belsen wird von britischen Truppen befreit.

20. April: Amerikanische Truppen in Nürnberg.

23. April: Mauthausen wird vom Internationalen Roten Kreuz übernommen. Sowjetische Truppen vor Berlin.

23. April-4. Mai: Evakuierung der Häftlinge aus Sachsenhausen (Berlin) und Ravensbrück. Letzte Massaker der SS-Wachmannschaften.

25. April: Begegnung amerikanischer und sowjetischer Truppen an der Elbe.

28. April: Dachau wird von amerikanischen Truppen befreit.

30. April: Hitler begeht Selbstmord.

2. Mai: Berlin kapituliert. Vertreter des Internationalen Roten Kreuzes übernehmen Theresienstadt.

7./9. Mai: Bedingungslose Kapitulation Deutschlands: Ende des Krieges in Europa.

23. Mai: Himmler wird gefangen und begeht Selbstmord.

22. November: Beginn des Nürnberger Prozesses.

Diese Daten wurden zusammengestellt nach Gerhard Schoenberner:
Der gelbe Stern. Gütersloh 1960; und Wolfgang Scheffler: Judenverfolgung im Dritten Reich. Berlin 1964.

# Die wichtigsten Konzentrationslager im Dritten Reich

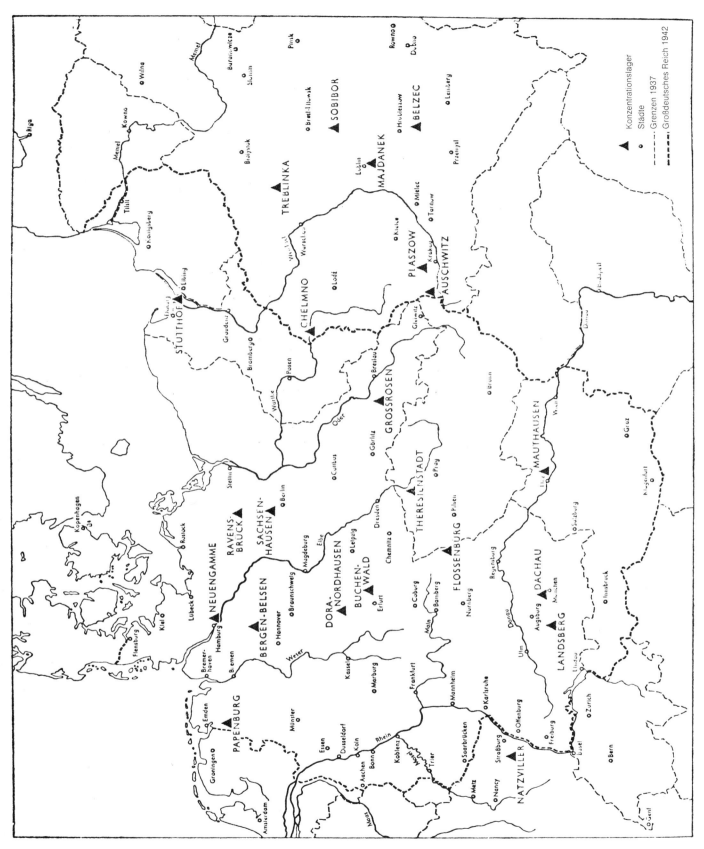

(Aus G. Schoenberner: Der gelbe Stern)

# Die Nürnberger Rassengesetze

## Gesetz „Zum Schutze des deutschen Blutes und der deutschen Ehre" vom 15. September 1935

Durchdrungen von der Erkenntnis, daß die Reinheit des deutschen Blutes die Voraussetzung für den Fortbestand des deutschen Volkes ist, und beseelt von dem unbeugsamen Willen, die deutsche Nation für alle Zukunft zu sichern, hat der Reichstag einstimmig das folgende Gesetz beschlossen, das hiermit verkündet wird.

§ 1 – 1. Eheschließungen zwischen Juden und Staatsangehörigen deutschen oder artverwandten Blutes sind verboten. Trotzdem geschlossene Ehen sind nichtig, auch wenn sie zur Umgehung dieses Gesetzes im Auslande geschlossen sind.
2. Die Nichtigkeitsklage kann nur der Staatsanwalt erheben.

§ 2 – Außerehelicher Verkehr zwischen Juden und Staatsangehörigen deutschen oder artverwandten Blutes ist verboten.

§ 3 – Juden dürfen weibliche Staatsangehörige deutschen oder artverwandten Blutes unter 45 Jahren nicht in ihrem Haushalt beschäftigen.

§ 4 – 1. Juden ist das Hissen der Reichs- und Nationalflagge und das Zeigen der Reichsfarben verboten.
2. Dagegen ist ihnen das Zeigen der jüdischen Farben gestattet. Die Ausübung dieser Befugnis steht unter staatlichem Schutz.

§ 5 – 1. Wer dem Verbot des § 1 zuwiderhandelt, wird mit Zuchthaus bestraft.
2. Der Mann, der dem Verbot des § 2 zuwiderhandelt, wird mit Gefängnis oder mit Zuchthaus bestraft.
3. Wer den Bestimmungen der §§ 3 oder 4 zuwiderhandelt, wird mit Gefängnis bis zu einem Jahr und mit Geldstrafe oder mit einer dieser Strafen bestraft.

§ 6 – Der Reichsminister des Innern erläßt im Einvernehmen mit dem Stellvertreter des Führers und dem Reichsminister der Justiz die zur Durchführung und Ergänzung des Gesetzes erforderlichen Rechts- und Verwaltungsvorschriften.

§ 7 – Das Gesetz tritt am Tage nach der Verkündung, § 3 jedoch erst am 1. Januar 1936 in Kraft.

Nürnberg, 15. September 1935

(Nach: Reichsgesetzblatt 1935 I, S. 1146)


## Reichsbürgergesetz vom 15. September 1935

Der Reichstag hat einstimmig das folgende Gesetz beschlossen, das hiermit verkündet wird.

§ 1 – 1. Staatsangehöriger ist, wer dem Schutzverband des Deutschen Reiches angehört und ihm dafür besonders verpflichtet ist.
2. Die Staatsangehörigkeit wird nach den Vorschriften des Reichs- und Staatsangehörigkeitsgesetzes erworben.

§ 2 – 1. Reichsbürger ist nur der Staatsangehörige deutschen oder artverwandten Blutes, der durch sein Verhalten beweist, daß er gewillt und geeignet ist, in Treue dem deutschen Volk und Reich zu dienen.
2. Das Reichsbürgerrecht wird durch Verleihung des Reichsbürgerbriefes erworben.
3. Der Reichsbürger ist der alleinige Träger der vollen politischen Rechte nach Maßgabe der Gesetze.

§ 3 – Der Reichsminister des Innern erläßt im Einvernehmen mit dem Stellvertreter des Führers die zur Durchführung und Ergänzung des Gesetzes erforderlichen Rechts- und Verwaltungsvorschriften.

Nürnberg, 15. September 1935

(Nach: Reichsgesetzblatt 1935 I, S. 1146)

**Aus dem juristischen Kommentar zu den Nürnberger Rassengesetzen, 1936**

Die nationalsozialistische Staatsführung hat den unerschütterlichen Glauben, im Sinne des allmächtigen Schöpfers zu handeln, wenn sie den Versuch macht, die ewigen ehernen Gesetze des Lebens und der Natur, die das Einzelschicksal wie das der Gesamtheit beherrschen und bestimmen, in der staatlich-völkischen Ordnung des Dritten Reiches wieder zum Ausdruck zu bringen, soweit dies mit den unvollkommenen, Menschen zu Gebote stehenden Mitteln möglich ist. Die Rechts- und Staatsordnung des Dritten Reiches soll mit den Lebensgesetzen, den für Körper, Geist und Seele des deutschen Menschen ewig geltenden Naturgesetzen wieder in Einklang gebracht werden. Es geht also bei der völkischen und staatlichen Neuordnung unserer Tage um nicht mehr und nicht weniger als um die Wiederanerkennung und Wiederherstellung der im tiefsten Sinne gottgewollten organischen Lebensordnung im deutschen Volks- und Staatsleben...

Das Blutschutzgesetz zieht die Trennung zwischen jüdischem und deutschem Blut in biologischer Hinsicht. Der in dem Jahrzehnt vor dem Umbruch um sich greifende Verfall des Gefühls für die Bedeutung der Reinheit des Blutes und die damit verbundene Auflösung aller völkischen Werte ließ ein gesetzliches Eingreifen besonders dringend erscheinen. Da hierfür dem deutschen Volk nur von seiten des Judentums eine akute Gefahr drohte, bezweckt das Gesetz in erster Linie die Verhinderung weiterer Blutmischung mit Juden...

Kein nach der nationalsozialistischen Revolution erlassenes Gesetz ist eine so vollkommene Abkehr von der Geisteshaltung und der Staatsauffassung des vergangenen Jahrhunderts wie das Reichsbürgergesetz. Den Lehren von der Gleichheit aller Menschen und von der grundsätzlich unbeschränkten Freiheit des einzelnen gegenüber dem Staate setzt der Nationalsozialismus hier die harten, aber notwendigen Erkenntnisse von der naturgesetzlichen Ungleichheit und Verschiedenartigkeit der Menschen entgegen. Aus der Verschiedenartigkeit der Rassen, Völker und Menschen folgen zwangsläufig Unterscheidungen in den Rechten und Pflichten der einzelnen. Diese auf dem Leben und den unabänderlichen Naturgesetzen beruhende Verschiedenheit führt das Reichsbürgergesetz in der politischen Grundordnung des deutschen Volkes durch.

(Stuckart/Globke, Kommentare zur deutschen Rassengesetzgebung, Bd. I, München und Berlin 1936, S. 9 ff,)

# Der Stürmer

**Ritualmord-Nummer**

Deutsches Wochenblatt zum Kampfe um die Wahrheit

HERAUSGEBER: JULIUS STREICHER

Nürnberg, im Mai 1934 — 1934

# Jüdischer Mordplan
## gegen die nichtjüdische Menschheit aufgedeckt

### Das Mördervolk

Die Juden stehen in der ganzen Welt in einem furchtbaren Verdacht. Wer ihn nicht kennt, der kennt die Judenfrage nicht. Wer die Juden nur ansieht, wie Heinrich Heine (Shakespeare) sie beschreibt: „Ein Volk, das zu seinem Unterhalt mit Wechseln und alten Hosen handelt und dessen Uniform die langen Nasen sind," der ist auf falscher Wage. Wer aber weiß, welche eine ungeheuerliche Anklage schon seit Jahrhunderten gegen die Juden erhoben wird, dem erscheint dieses Volk in einem anderen Lichte. Er sieht in ihnen nicht mehr die eigenartige, seltsam anmutende Rasse, er sieht in ihnen Verbrecher und Mörder und Teufel in Menschengestalt. Und als überkommt ihn gegen dieses Volk ein heiliger Zorn und Haß.

Der Verdacht, in dem die Juden stehen, ist der des **Menschenmordes**. Sie werden beschuldigt, nichtjüdische Kinder und nichtjüdische Erwachsene an sich zu locken, sie zu schlachten und ihnen das Blut abzuzapfen. Sie werden beschuldigt, dieses Blut in die Mazzen (ungesäuertes Brot) zu verbacken und auch sonstige übelgläubische Zauberei damit zu treiben. Sie werden beschuldigt, ihre Opfer, besonders die Kinder, dabei furchtbar zu martern und zu foltern. Und während dieses Jahrtausende und Generationen gegen die Nichtjuden ausgeübten, hat dieser planmäßig betriebene Menschenmord eine besondere Bezeichnung, er heißt

### Ritualmord.

Das Wissen vom jüdischen Ritualmord ist schon jahrtausende alt. Es ist so alt wie die Juden selbst. Die Nichtjuden haben es von Generation zu Generation übertragen. Es ist durch Schriften überliefert. Es ist aber auch in der breiten Volksmasse vorhanden. In den verdächtigen Bauernhäusern stößt man auf dieses Wissen. Der Vater spricht davon zu seinem Enkel. Und dieser wieder trägt es weiter auf Kinder und Kindeskinder. So bemerkte es sich bis zum heutigen Tag.

Es ist auch in den anderen Völkern vorhanden. Wo irgendwo in der Welt eine Leiche gefunden wird, die die Anzeichen des Ritualmordes trägt, erhebt sich sofort laut und groß die Anklage. Sie richtet sich überall nur **gegen die Juden**. Hunderte und aberhunderte von Völkern, Stämmen und Rassen bevölkern den Erdball. Niemand denkt davon, sie des planmäßigen Kindermordes zu beschuldigen und sie als **Mördervolk** zu bezeichnen. Den Juden allein wird diese Anklage und allen Völkern entgegengeschleudert. Und viele große Männer haben

### Judenopfer

Durch die Jahrtausende vergoß der Jud, geheimen Ritus folgend, Menschenblut
Der Teufel sitzt uns heute noch im Nacken, es liegt an Euch die Teufelsbrut zu packen.

# Die Juden sind unser Unglück!

*Lieber Stürmer!*

Gauleiter Streicher hat uns so viel von den Juden erzählt, daß wir sie ganz gehörig hassen. Wir haben in der Schule einen Aufsatz geschrieben unter dem Titel: „Die Juden sind unser Unglück." Ich möchte bitten, meinen Aufsatz in Abdruck zu bringen.

Die Juden sind unser Unglück.

Leider sagen heute noch viele: „Die Juden sind auch Geschöpfe Gottes. Darum müßt Ihr sie auch achten." Wir aber sagen: „Ungeziefer sind auch Tiere, und trotzdem vernichten wir es." Der Jude ist ein Mischling. Er hat Erbanlagen von Ariern, Asiaten, Negern und Mongolen. Bei einem Mischling herrscht das Böse vor. Das einzige Gute, das er hat, ist die weiße Farbe. Ein Sprichwort der Bewohner der Südseeinseln lautet: „Der Weiße ist von Gott, und der Schwarze ist von Gott. Der Mischling aber ist vom Teufel." Jesus sagte einmal zu ihnen: „Ihr habt zum Vater nicht Gott, sondern den Teufel." Die Juden haben ein böses Gesetzbuch. Das ist der Talmud. Auch sehen die Juden in uns das Tier und behandeln uns danach. Geld und Gut nehmen sie uns mit aller List weg. Auch schon am Hofe Karls des Franken regierten Juden. Deshalb wurde das römische Recht eingeführt. Dieses paßte aber nicht für den deutschen Bauern: es war aber auch kein Gesetz für den römischen Ackerbürger, sondern es war ein jüdisches Händlergesetz. Sicherlich sind die Juden auch Schuld an dem Mord Karls des Franken.

In Gelsenkirchen hat der Jude Grüneburg Aas an uns verkauft. Das darf er nach seinem Gesetzbuch.

Aufstände haben die Juden angezettelt und zum Krieg haben sie gehetzt. Rußland haben sie ins Elend geführt. In Deutschland gaben sie der KPD Geld und bezahlten die Mordbuben. Wir standen am Rande des Grabes. Da kam Adolf Hitler. Jetzt sind die Juden im Auslande und hetzen gegen uns. Aber wir lassen uns nicht beirren und folgen dem Führer. Wir kaufen nichts beim Juden. Jeder Pfennig, den wir ihnen geben, tötet einen unserer Angehörigen.

Heil Hitler!

Erna Listing, Gelsenkirchen, Oswaldstr. 8

Ein Leserbrief an den STÜRMER, Januar 1935 (Aus G. Schoenberner: Der gelbe Stern)

## Der Stürmer

Das von der Parteileitung des Nationalsozialismus nie offiziell anerkannte, aber stets geförderte Wochenblatt „Der Stürmer" erschien schon im Jahre 1923 und hielt sich bis 1945. Der Herausgeber war der von Hitler zum Gauleiter von Franken bestimmte Julius Streicher. Das Blatt steigerte seine Auflage von anfangs 2000 auf ca. 800000 während des Dritten Reiches, um dann bis Ende des Krieges auf eine kleine nicht mehr näher zu beziffernde Auflage zu schrumpfen. Es trug den verführerischen Untertitel „Wochenblatt zum Kampf um die Wahrheit". Den Leitgedanken formulierte der letzte Schriftleiter Ernst Hiemer, beim Nürnberger Prozeß: „In möglichst einfacher, volkstümlicher Sprache jedem Mann und jeder Frau des deutschen Volkes das Wissen vom Juden zu vermitteln. Streicher wollte, daß das ganze deutsche Volk erkennen sollte, daß der Jude ein Fremdling im Volk sei" *)

Der Inhalt erweist sich als eine nicht mehr zu überbietende Hetze gegen das jüdische Volk. Ausgehend vom antisemitischen Rassengedanken werden die alten Vorurteile gegen das Judentum aufgegriffen, mit schmutziger Phantasie aufbereitet und vermengt mit Greuelmärchen, wie etwa Berichten von Betrügereien und Verwaltigungen durch Juden. Texte werden illustriert mit scheußlichen Darstellungen vom häßlichen, bösartigen und garstigen Juden. Es ist unvorstellbar, wie ohne Unterbrechung 23 Jahre lang Woche für Woche bösartige und pornographische, die niedrigsten Instinkte des Menschen entsprechend aufwühlende Darstellung die Zeitungsseiten füllten. „Der Stürmer" war die einzige derartige Schrift, die während des Dritten Reiches innerhalb der sonst „sauberen" und von allem „Abartigen" gereinigten Literatur erscheinen durfte.

Menschen, die es wagten, die Verbindung mit Juden trotz aller Repressionen nicht abreißen zu lassen, die sich etwa von jüdischen Rechtsanwälten oder Ärzten beraten ließen oder bei Juden einkauften, wurden in Leserbriefen denunziert. In besonderen Artikeln wurde ihre „Haltung" angeprangert. Die Absicht, vor allem Jugendliche zu Lesern des „Stürmer" zu machen, wurde dadurch erreicht, daß dieses Blatt in Schaukästen meist vor Schulen ausgehängt wurde.

*) Fred Hahn, Lieber Stürmer, Seewald-Verlag, S. 114 f.

## Julius Streicher

Der Lehrersohn, der selbst wieder Lehrer wurde, war ein Nationalsozialist der ersten Stunde. Durch ihn erst wurde Adolf Hitler der anfangs sehr kleinen Gruppe zugeführt. Er machte Karriere im Dritten Reich und wurde schließlich im Kriegsverbrecherprozeß von Nürnberg zum Tode verurteilt und gehängt. Er wird als ein machtbesessener und rücksichtsloser Tyrann beschrieben, vor dem jeder Angst hatte und kuschte. Wenige wagten dem besonderen Günstling Hitlers zu widersprechen. Trotzdem wurde er schließlich 1940 von einem Parteigericht wegen vieler Intrigen und Skandale für ungeeignet erklärt, NS-Führer zu sein. Er behielt jedoch seinen Titel und die Möglichkeit, den „Stürmer" weiter herauszugeben.

Hitler hielt wohl deshalb seine Hand schützend über ihm, weil Streicher seine eigene Idee des Rassismus geschickt propagandistisch vertrat und viele Menschen des deutschen Volkes in der Weise beeinflußte, daß ihnen die sogenannte „Endlösung des Judentums" als notwendige Konsequenz erscheinen mußte.

Joachim C. Fest, „Hitler"

# Aufruf!

**Reichsminister Dr. Goebbels gibt bekannt:**

„Die berechtigte und verständliche Empörung des Deutschen Volkes über den feigen jüdischen Meuchelmord an einem deutschen Diplomaten in Paris hat sich in der vergangenen Nacht in umfangreichem Maße Luft verschafft. In zahlreichen Städten und Orten des Reiches wurden Vergeltungsaktionen gegen jüdische Gebäude und Geschäfte vorgenommen.

Es ergeht nunmehr an die gesamte Bevölkerung die strenge Aufforderung, von allen weiteren Demonstrationen und Aktionen gegen das Judentum, gleichgültig welcher Art, sofort abzusehen. Die endgültige Antwort auf das jüdische Attentat in Paris wird auf dem Wege der Gesetzgebung bezw. der Verordnung dem Judentum erteilt werden."

**Volksgenossen!   Volksgenossinnen!**

Auch bei uns in München hat das Weltjudentum die ihm gebührende Antwort erhalten!

## Die Synagoge ist abgebrannt!

## Die jüdischen Geschäfte sind geschlossen!

## Die frechgewordenen Juden sind verhaftet!

Aus Edition Zeitgeschehen, Eberhard Alef, Das dritte Reich, S. 87, Fackelträger Verlag

**Die „Reichskristallnacht", 9. Nov. 1938**

Durch das Attentat des 17jährigen Juden Grünspan auf den Legationssekretär vom Rath in Paris am 7. November bot sich Hitler eine erwünschte Handhabe, gegen die Juden vorzugehen. „Es ist klar", so schrieb der Völkische Beobachter bereits am Tage darauf, „daß das deutsche Volk aus dieser neuen Tat seine Folgerungen ziehen wird". Am Abend des 9. November 1938 gab der Reichspropagandaminister Dr. Goebbels das Stichwort. Durch eine Hetzrede vor den Partei- und SA-Führern, die zur alljährlichen Feier des „9. November 1923" im Münchner Alten Rathaus versammelt waren, löste er den Judenpogrom aus, der unter der heute bekannten Bezeichnung „Reichskristallnacht" seitdem den deutschen Namen belastet. Wie raffiniert Goebbels die Aktion veranlaßte, ohne sie direkt zu befehlen, zeigt der erhalten gebliebene Bericht des Obersten Parteigerichts an Göring, in dem es heißt: „Die mündlich gegebenen Anweisungen des Reichspropagandaleiters sind wohl von sämtlichen anwesenden Parteiführern so verstanden worden, daß die Partei nach außen nicht als Urheber der Demonstrationen in Erscheinung treten, sie in Wirklichkeit aber organisieren und durchführen sollte". Und Hitler selbst war Mitwisser, ja verantwortlicher Urheber der vorgeblich „spontanen Reaktion des deutschen Volkes", obwohl er sich im Hintergrund zu halten verstand. Hitlers intellektuelle Urheberschaft ist nicht nur vom damaligen Reichspressechef und anderen Eingeweihten bezeugt worden, sondern hat auch in seinem Eintreten für den sogar von Partei und SS angegriffenen Goebbels Ausdruck gefunden. Sie ergibt sich deutlich genug schon aus der weiteren Feststellung im Bericht des Obersten Parteigerichts: „Der Führer habe auf seinen (Goebbels) Vortrag entschieden, daß derartige Demonstrationen von der Partei weder vorzubereiten noch zu organisieren seien. Soweit sie spontan entstünden, sei ihnen aber auch nicht entgegenzutreten." Daraufhin wurden fast in ganz Deutschland die Synagogen in Brand gesteckt, über 7000 jüdische Geschäfte zerstört, dennoch den Juden die Zahlung einer Buße von zunächst 1 Milliarde, schließlich insgesamt 1 ¼ Milliarden Mark auferlegt, dazu die Wiedergutmachung der angerichteten Schäden bei staatlicher Beschlagnahme der ihnen von den Versicherungsgesellschaften (von Rechts wegen) auszuzahlenden Entschädigung.*

(Aus „Materialien" AEJ, Stuttgart, 1978)

# Die Wannsee-Konferenz

(Stempel):
Geheime Reichssache

**Besprechungsprotokoll**

I. An der am 20. Januar 1942 in Berlin, Am Großen Wannsee Nr. 56-58, stattgefundenen Besprechung über die Endlösung der Judenfrage nahmen teil:

| | |
|---|---|
| Gauleiter Dr. Meyer und Reichsamtsleiter Dr. Leibbrandt | Reichsministerium für die besetzten Ostgebiete |
| Staatssekretär Dr. Stuckart | Reichsministerium des Innern |
| Staatssekretär Neumann | Beauftragter für den Vierjahresplan |
| Staatssekretär Dr. Freisler | Reichsjustizministerium |
| Staatssekretär Dr. Bühler | Amt des Generalgouverneurs |
| Unterstaatssekretär Luther | Auswärtiges Amt |
| SS-Oberführer Klopfer | Partei-Kanzlei |
| Ministerialdirigent Kritzinger | Reichskanzlei |
| | (handschriftliche Notiz): D. III. 29 g. Rs. |
| SS-Gruppenführer Hofmann | Rasse- und Siedlungshauptamt |
| SS-Gruppenführer Müller | Reichssicherheitshauptamt |
| SS-Obersturmbannführer Eichmann | |
| SS-Oberführer Dr. Schoengarth, Befehlshaber der Sicherheitspolizei und des SD im Generalgouvernement | Sicherheitspolizei und SD |
| SS-Sturmbannführer Dr. Lange, Kommandeur der Sicherheitspolizei und des SD für den Generalbezirk Lettland, als Vertreter des Befehlshabers der Sicherheitspolizei und des SD für das Reichskommissariat Ostland | Sicherheitspolizei und SD |

II. Chef der Sicherheitspolizei und des SD, SS-Obergruppenführer Heydrich, teilte eingangs seine Bestallung zum Beauftragten für die Vorbereitung der Endlösung der europäischen Judenfrage durch den Reichsmarschall mit und wies darauf hin, daß zu dieser Besprechung geladen wurde, um Klarheit in grundsätzlichen Fragen zu schaffen. Der Wunsch des Reichsmarschalls, ihm einen Entwurf über die organisatorischen, sachlichen und materiellen Belange im Hinblick auf die Endlösung der europäischen Judenfrage zu übersenden, erfordert die vorherige gemeinsame Behandlung aller in diesen Fragen unmittelbar beteiligten Zentralinstanzen im Hinblick auf die Parallelisierung der Linienführung.

Die Federführung bei der Bearbeitung der Endlösung der Judenfrage liege ohne Rücksicht auf geographische Grenzen zentral beim Reichsführer SS und Chef der Deutschen Polizei (Chef der Sicherheitspolizei und SD).

Der Chef der Sicherheitspolizei und des SD gab sodann einen kurzen Überblick über den bisher geführten Kampf gegen diese Gegner. Die wesentlichsten Momente bilden

a) Die Zurückdrängung der Juden aus den einzelnen Lebensgebieten des deutschen Volkes.

b) die Zurückdrängung der Juden aus dem Lebensraum des deutschen Volkes.

Im Vollzug dieser Bestrebungen wurde als einzige vorläufige Lösungsmöglichkeit die Beschleunigung der Auswanderung der Juden aus dem Reichsgebiet verstärkt und planmäßig in Angriff genommen.

Auf Anordnung des Reichsmarschalls wurde im Januar 1939 eine Reichszentrale für jüdische Auswanderung errichtet, mit deren Leitung der Chef der Sicherheitspolizei und des SD betraut wurde. Sie hatte insbesondere die Aufgabe

a) alle Maßnahmen zur **Vorbereitung** einer verstärkten Auswanderung der Juden zu treffen,

b) den Auswanderungsstrom zu **lenken,**

c) die Durchführung der Auswanderung im **Einzelfall** zu beschleunigen.

Das Aufgabenziel war, auf legale Weise den deutschen Lebensraum von Juden zu säubern.

Über die Nachteile, die eine solche Auswanderungsforcierung mit sich brachte, waren sich alle Stellen im klaren. Sie mußten jedoch angesichts des Fehlens anderer Lösungsmöglichkeiten vorerst in Kauf genommen werden.

Die Auswanderungsarbeiten waren in der Folgezeit nicht nur ein deutsches Problem, sondern auch ein Problem, mit dem sich die Behörden der Ziel- bzw. Einwanderungsländer zu befassen hatten. Die finanziellen Schwierigkeiten, wie Erhöhung der Vorzeige- und Landungsgelder seitens der verschiedenen ausländischen Regierungen, fehlende Schiffsplätze, laufend verschärfte Einwanderungsbeschränkungen oder -sperren, erschwerten die Auswanderungsbestrebungen außerordentlich. Trotz dieser Schwierigkeiten wurden seit der Machtübernahme bis zum Stichtag 31. Oktober 1941 insgesamt rund 537.000 Juden zur Auswanderung gebracht. Davon

| | |
|---|---|
| vom 30. Januar 1933 aus dem Altreich | rd. 360.000 |
| vom 15. März 1938 aus der Ostmark | rd. 147.000 |
| vom 15. März 1939 aus dem Protektorat Böhmen und Mähren | rd. 30.000 |

Die Finanzierung der Auswanderung erfolgte durch die Juden bzw. jüdisch-polnischen Organisationen selbst. Um den Verbleib der verproletarisierten Juden zu vermeiden, wurde nach dem Grundsatz verfahren, daß die vermögenden Juden die Abwanderung der vermögenslosen Juden zu finanzieren haben; hier wurde, je nach Vermögen gestaffelt, eine entsprechende Umlage bzw. Auswandererabgabe vorgeschrieben, die zur Bestreitung der finanziellen Obliegenheiten im Zuge der Abwanderung vermögensloser Juden verwandt wurde.

Neben dem Reichsmark-Aufkommen sind Devisen für Vorzeige- und Landungsgelder erforderlich gewesen. Um den deutschen Devisenschatz zu schonen, wurden die jüdischen Organisationen des Inlands veranlaßt, für die Beitreibung entsprechender Devisenaufkommen Sorge zu tragen. Hier wurden durch diese ausländischen Juden im Schenkungswege bis zum 30. Oktober 1941 insgesamt rund 9.500.000 Dollar zur Verfügung gestellt.

Inzwischen hat der Reichsführer-SS und der Chef der Deutschen Polizei im Hinblick auf die Gefahren einer Auswanderung im Kriege und im Hinblick auf die Möglichkeiten des Ostens die Auswanderung der Juden verboten.

III. An Stelle der Auswanderung ist nunmehr als weitere Lösungsmöglichkeit nach entsprechender vorheriger Genehmigung durch die Führer die Evakuierung der Juden nach dem Osten getreten.

Diese Aktionen sind jedoch lediglich als Ausweichmöglichkeiten anzusprechen, doch werden hier bereits jene praktischen Erfahrungen gesammelt, die im Hinblick auf die kommende Endlösung der Judenfrage von wichtiger Bedeutung sind.

Im Zuge dieser Endlösung der europäischen Judenfrage kommen rund 11 Millionen Juden in Betracht, die sich wie folgt auf die einzelnen Länder verteilen:

| Land | Zahl | Land | Zahl |
|---|---|---|---|
| Altreich | 131 800 | Irland | 4 000 |
| Ostmark | 43 700 | Italien, einschl. Sardinien | 58 000 |
| Ostgebiete | 420 000 | Albanien | 200 |
| Generalgouvernement | 2 284 000 | Kroatien | 40 000 |
| Bialystok | 400 000 | Portugal | 3 000 |
| Protektorat Böhmen und Mähren | 74 200 | Rumänien, einschl. Bessarabien | 342 000 |
| ESTLAND – judenfrei | | Schweden | 8 000 |
| Lettland | 3 500 | Schweiz | 18 000 |
| Litauen | 34 000 | Serbien | 10 000 |
| Belgien | 43 000 | Slowakei | 88 000 |
| Dänemark | 5 600 | Spanien | 6 000 |
| Frankreich, besetztes Gebiet | 165 000 | Türkei (europ. Teil) | 55 500 |
| unbesetztes Gebiet | 700 000 | Ungarn | 742 800 |
| Griechenland | 69 000 | UdSSR | 5 000 000 |
| Niederlande | 160 800 | Ukraine 2 994 684 | |
| Norwegen | 1 300 | Weißrußland, | |
| Bulgarien | 48 000 | ausschl. Bialystok 446 484 | |
| England | 330 000 | | |
| Finnland | 2 300 | zusammen: über | 11 000 000 |

Bei den angegebenen Judenzahlen der verschiedenen ausländischen Staaten handelt es sich jedoch nur um Glaubensjuden, da die Begriffsbestimmungen der Juden nach rassischen Grundsätzen teilweise dort noch fehlen. Die Behandlung des Problems in den einzelnen Ländern wird im Hinblick auf die allgemeine Haltung und Auffassung auf gewisse Schwierigkeiten stoßen, besonders in Ungarn und Rumänien. So kann sich z. B. heute noch in Rumänien der Jude gegen Geld entsprechende Dokumente, die ihm eine fremde Staatsangehörigkeit bescheinigen, beschaffen.

Der Einfluß der Juden auf alle Gebiete in der UdSSR ist bekannt. Im europäischen Gebiet leben etwa 5 000 000, im asiatischen kaum knapp eine halbe Million Juden.

Die berufsständische Aufgliederung der im europäischen Gebiet der UdSSR ansässigen Juden war etwa folgende:

| | |
|---|---:|
| in der Landwirtschaft | 9,1 % |
| als städtische Arbeiter | 14,8 % |
| im Handel | 20,0 % |
| als Staatsarbeiter angestellt | 23,4 % |
| in den privaten Berufen – Heilkunde, Presse, Theater usw. | 32,7 % |

Unter entsprechender Leitung sollen im Zuge der Endlösung die Juden in geeigneter Weise Im Osten zum Arbeitseinsatz kommen. In großen Arbeitskolonnen, unter Trennung der Geschlechter, werden die arbeitsfähigen Juden straßenbauend in diese Gebiete geführt, wobei zweifellos ein Großteil durch natürliche Verminderung ausfallen wird.

Der allfällig endlich verbleibende Restbestand wird, da es sich bei diesen zweifellos um den widerstandsfähigen Teil handelt, entsprechend behandelt werden müssen, da dieser, eine natürliche Auslese darstellend, bei Freilassung als Keimzelle eines neuen jüdischen Aufbaues anzusprechen ist. (Siehe Erfahrung der Geschichte).

Im Zuge der praktischen Durchführung der Endlösung wird Europa von Westen nach Osten durchgekämmt. Das Reichsgebiet einschließlich Protektorat Böhmen und Mähren wird, allein schon aus Gründen der Wohnungsfrage und sonstiger sozialpolitischer Notwendigkeiten, vorweggenommen werden müssen.

Die evakuierten Juden werden zunächst Zug um Zug in sogenannte Durchgangsghettos verbracht, um von dort weiter nach dem Osten transportiert zu werden.

Wichtige Voraussetzungen, so führte SS-Obergruppenführer Heydrich weiter aus, für die Durchführung der Evakuierung überhaupt, ist die genaue Festlegung des in Betracht kommenden Personenkreises.

Es ist beabsichtigt, Juden im Alter von über 65 Jahren nicht zu evakuieren, sondern sie einem Altersghetto – vorgesehen in Theresienstadt – zu überstellen.

Neben diesen Altersklassen – von den am 31. Oktober 1941 sich im Altreich und der Ostmark befindlichen etwa 280 000 Juden sind etwa 30 % über 65 Jahre alt – finden in den jüdischen Altersghettos weiterhin die schwerkriegsbeschädigten Juden und Juden mit Kriegsauszeichnungen (EK 1) Aufnahme. Mit dieser zweckmäßigen Lösung werden mit einem Schlage die vielen Interventionen ausgeschaltet.

Der Beginn der einzelnen größeren Evakuierungsaktionen wird weitgehend von der militärischen Entwicklung abhängig sein. Bezüglich der Behandlung der Endlösung in den von uns besetzten und beeinflußten europäischen Gebieten wurde vorgeschlagen, daß die in Betracht kommenden Sachbearbeiter des Auswärtigen Amtes sich mit den zuständigen Referenten der Sicherheitspolizei und des SD besprechen.

In der Slowakei und Kroatien ist die Anglegenheit nicht mehr allzu schwer, da die wesentlichen Kernfragen in dieser Hinsicht dort bereits einer Lösung zugeführt wurden. In Rumänien hat die Regierung inzwischen ebenfalls einen Judenbeauftragten eingesetzt. Zur Regelung der Frage in Ungarn ist erforderlich, in Zeitkürze einen Berater für Judenfragen der ungarischen Regierung aufzuoktroyieren.

Hinsichtlich der Aufnahme von Vorbereitungen zur Regelung des Problems in Italien hält SS-Obergruppenführer Heydrich eine Verbindung mit Polizei-Chef in diesen Belangen für angebracht.

Im besetzten und unbesetzten Frankreich wird die Erfassung der Juden zur Evakuierung aller Wahrscheinlichkeit nach ohne große Schwierigkeiten vor sich gehen können.

Unterstaatssekretär Luther teilte hierzu mit, daß bei tiefgehender Behandlung dieses Problems in einigen Ländern, so in den nordischen Ländern, Schwierigkeiten auftauchen werden, und es sich daher empfiehlt, diese Länder vorerst noch zurückzustellen. In Anbetracht der hier in Frage kommenden geringen Judenzahl bildet diese Zurückstellung ohnedies keine wesentliche Einschränkung. Dafür sieht das Auswärtige Amt für den Südosten und Westen Europas keine großen Schwierigkeiten.

SS-Gruppenführer Hofmann beabsichtigt, einen Sachbearbeiter des Rasse- und Siedlungshauptamtes zur allgemeinen Orientierung dann nach Ungarn mitsenden zu wollen, wenn seitens des Chefs der Sicherheitspolizei und des SD die Angelegenheit dort in Angriff genommen wird. Es wurde festgelegt, diesen Sachbearbeiter des Rasse- und Siedlungshauptamtes, der nicht aktiv werden soll, vorübergehend offiziell als Gehilfen zum Polizei-Attaché abzustellen.

IV. Im Zuge der Endlösungsvorhaben sollen die Nürnberger Gesetze gewissermaßen die Grundlage bilden, wobei Voraussetzung für die restlose Bereinigung des Problems auch die Lösung der Mischehen- und Mischlingsfragen ist.

Chef der Sicherheitspolizei und des SD erörtert im Hinblick auf ein Schreiben des Chefs der Reichskanzlei zunächst theoretisch die nachstehenden Punkte:

1. Behandlung der Mischlinge 1. Grades

    Mischlinge 1. Grades sind im Hinblick auf die Endlösung der Judenfrage den Juden gleichgestellt.

    Von dieser Behandlung werden ausgenommen:

    a) Mischlinge 1. Grades verheiratet mit Deutschblütigen, aus deren Ehe Kinder (Mischlinge 2. Grades) hervorgegangen sind. Diese Mischlinge 2. Grades sind im wesentlichen den Deutschen gleichgestellt.

    b) Mischlinge 1. Grades, für die von den höchsten Instanzen der Partei und des Staates bisher auf irgendwelchen Gebieten (Lebens) Ausnahmegenehmigungen erteilt worden sind. Jeder Einzelfall muß überprüft werden, wobei nicht ausgeschlossen wird, daß die Entscheidung nochmals zuungunsten des Mischlings ausfällt.

Voraussetzung einer Ausnahmebewilligung müssen stets grundsätzliche Verdienste des in Frage stehenden Mischlings selbst sein. (Nicht Verdienste des deutschblütigen Eltern- oder Elternteiles).

Der von der Evakuierung auszunehmende Mischling 1. Grades wird, um jede Nachkommenschaft zu verhindern und das Mischlingsproblem endgültig zu bereinigen, sterilisiert. Die Sterilisation erfolgt freiwillig. Sie ist aber Voraussetzung für das Verbleiben im Reich. Der sterilisierte „Mischling" ist in der Folgezeit von allen einengenden Bestimmungen, denen er bislang unterworfen ist, befreit.

2. Behandlung der Mischlinge 2. Grades.

    Die Mischlinge 2. Grades werden grundsätzlich den Deutschblütigen zugeschlagen, mit Ausnahme folgender Fälle, in denen die Mischlinge 2. Grades den Juden gleichgestellt werden:

    a) Herkunft des Mischlings 2. Grades aus einer Bastardehe (beide Teile Mischlinge).

    b) Rassisch besonders ungünstiges Erscheinungsbild des Mischlings 2. Grades, das ihn schon äußerlich zu den Juden rechnet.

    c) Besonders schlechte polizeiliche und politische Beurteilung des Mischlings 2. Grades, die erkennen läßt, daß er sich wie ein Jude fühlt und benimmt.

Auch in diesen Fällen sollen aber dann Ausnahmen gemacht werden, wenn der Mischling 2. Grades deutschblütig verheiratet ist.

3. Ehen zwischen Volljuden und Deutschblütigen.

    Von Einzelfall zu Einzelfall muß daher unterschieden werden, ob der jüdische Teil evakuiert wird, oder ob er unter Berücksichtigung auf die Auswirkungen einer solchen Maßnahme auf die deutschblütigen Verwandten dieser Mischehe einem Altersghetto überstellt wird.

4. Ehen zwischen Mischlingen 1. Grades und Deutschblütigen

    a) ohne Kinder:
    Sind aus der Ehe keine Kinder hervorgegangen, wird der Mischling 1. Grades evakuiert bzw. einem Altersghetto überstellt. (Gleiche Behandlung wie bei Ehen zwischen Volljuden und Deutschblütigen, Punkt 3).

    b) mit Kindern:
    Sind Kinder aus der Ehe hervorgegangen (Mischlinge 2. Grades), werden sie, wenn sie den Juden gleichgestellt werden, zusammen mit dem Mischling 1. Grades evakuiert bzw. einem Ghetto überstellt. Soweit diese Kinder Deutschblütigen gleichgestellt werden (Regelfälle), sind sie von der Evakuierung auszunehmen und damit auch der Mischling 1. Grades.

5. Ehen zwischen Mischlingen 1. Grades und Mischlingen 2. Grades oder Juden.

    Bei diesen Ehen (einschl. der Kinder) werden alle Teile wie Juden behandelt und daher evakuiert bzw. einem Altersghetto überstellt.

6. Ehen zwischen Mischlingen 1. Grades und Mischlingen 2. Grades.

    Beide Eheteile werden ohne Rücksicht darauf, ob Kinder vorhanden sind oder nicht, evakuiert bzw. einem Altersghetto überstellt, da etwaige Kinder rassenmäßig in der Regel einen stärkeren jüdischen Bluteinschlag ausweisen als die jüdischen Mischlinge 2. Grades.

SS-Gruppenführer Hofmann steht auf dem Standpunkt, daß von der Sterilisierung weitgehend Gebrauch gemacht werden muß, zumal der Mischling, vor die Wahl gestellt, ob er evakuiert oder sterilisiert werden soll, sich lieber der Sterilisation unterziehen würde.

Staatssekretär Dr. Stuckart stellt fst, daß die praktische Durchführung der eben mitgeteilten Lösungsmöglichkeiten zur Bereinigung der Mischehen-Mischlingsfragen in dieser Form eine unendliche Verwaltungsarbeit mit sich bringen würde. Um zum anderen auf alle Fälle auch den biologischen Tatsachen Rechnung zu tragen, schlug Staatssekretär Dr. Stuckart vor, zur Zwangssterilisation zu schreiten.

Zur Vereinfachung des Mischlingsproblems müßten ferner Möglichkeiten überlegt werden mit dem Ziel, daß der Gesetzgeber etwa sagt: „Diese Ehen sind geschieden".

Bezüglich der Frage der Auswirkung der Judenevakuierung auf das Wirtschaftsleben erklärte Staatssekretär Neumann, daß die in den kriegswichtigen Betrieben im Arbeitseinsatz stehenden Juden derzeit, solange noch kein Ersatz zur Verfügung steht, nicht evakuiert werden können.

SS-Obergruppenführer Heydrich wies darauf hin, daß diese Juden nach den von ihm genehmigten Richtlinien zur Durchführung der derzeit laufenden Evakuierungsaktionen ohnedies nicht evakuiert würden.

Staatssekretär Dr. Bühler stellte fest, daß das Generalgouvernement es begrüßen würde, wenn mit der Endlösung dieser Frage im Generalgouvernement begonnen würde, weil einmal hier das Transportproblem keine übergeordnete Rolle spielt und arbeitseinsatzmäßige Gründe den Verlauf dieser Aktion nicht behindern würden. Juden müßten so schnell wie möglich aus dem Gebiet des Generalgouvernements entfernt werden, weil gerade hier der Jude als Seuchenträger eine eminente Gefahr bedeutet und er zum anderen auch durch fortgesetzten Schleichhandel die wirtschaftliche Struktur des Landes dauernd in Unordnung bringt. Von den in Frage kommenden etwa 2 1/2 Millionen Juden sei überdies die Mehrzahl der Fälle arbeitsunfähig.

Staatssekretär Dr. Bühler stellte weiterhin fest, daß die Lösung der Judenfrage im Generalgouvernement federführend beim Chef der Sicherheitspolizei und des SD liegt und seine Arbeit durch die Behörden des Generalgouvernements unterstütz würde. Er hätte nur eine Bitte, die Judenfrage in diesem Gebiet so schnell wie möglich zu lösen.

Abschließend wurden die verschiedenen Arten der Lösungsmöglichkeiten besprochen, wobei sowohl seitens des Gauleiters Dr. Meyer als auch seitens des Staatssekretärs Dr. Bühler der Standpunkt vertreten wurde, gewisse vorbereitende Arbeiten im Zuge der Endlösung gleich in den betreffenden Gebieten selbst durchzuführen, wobei jedoch eine Beunruhigung der Bevölkerung vermieden werden müsse.

Mit der Bitte des Chefs der Sicherheitspolizei und des SD an die Besprechungsteilnehmer, ihm bei der Durchführung der Lösungsarbeiten Unterstützung zu gewähren, wurde die Besprechung geschlossen.

(Nach Poliakow/Wulf: Das Dritte Reich und die Juden, S. 70ff)

**1934: Anzeige aus der Presse für ein antisemitisches Gesellschaftsspiel**

# JUDEN RAUS!

**D.R.G.M. 1446399**

**Das zeitgemäße und überaus lustige Gesellschaftsspiel für Erwachsene und Kinder**

An diesem außerordentlich heiteren und zeitgemäßen Gesellschaftsspiel können sich 2–6 Personen beteiligen. / Zu dem Spiel gehören 1 Würfel, ▬▬▬▬▬ 6 Figuren und 36 Hütchen ▬▬▬▬▬ Jeder Spieler erhält eine Figur, die die Nummern 1–6 tragen

(Aus R. Vespignani, Faschismus, Berlin 1976, S. 109.)

## Eine erschütternde Wiederholung:

Das auf der Seite 109 abgebildete „antijüdische Gesellschaftsspiel" wurde von der Bundesprüfstelle für jugendgefährdendes Schrifttum auf den Index gesetzt.
(Nr. 3331 v. 7.7. 1983, Bundesanzeiger Nr. 138 v. 28.7.1983)

**1982: Material der Neonazis, per Post in der Bundesrepublik an jüdische Bürger versendet**

1. Am beliebten Zionistenspiel nehmen 6 Juden teil, ein 7ter Mitspieler ist Schiedsrichter und mit „Herr Eichmann" anzusprechen.
2. Wir haben je Jude 6 (Millionen)Figuren in verschiedener Farbe: GELB bekommt, wer in die Synagoge geht; ROSA, wer schwul ist; GRÜN, wer Leute bescheißt; ROT, wer politischer Jude ist usw.
3. Wir spielen mit dem 7seitigen Judenwürfel. Wer die „Sieben" wählt, darf eine Figur einbringen und weiterwürfeln.
4. Wir beginnen in unserem Lieblings-KZ und rücken in Pfeilrichtung auf unsere persönliche Familiengaskammer vor.
5. Drängeln und Behindern ist verboten – jeder kommt mal dran.
6. Wer zuerst seine 6 (Millionen Juden-) Figuren in der Gaskammer hat, hat gewonnen und darf bei MONOPOLI die Wiedergutmachungs-Bank halten.
7. Wer zu dumm ist, 6 Millionen Juden zu vergasen, muß weiter Hollokotz gucken.

# Hinweise auf weiterführende Literatur

Adam, U.D.:
Judenpolitik im Dritten Reich, Düsseldorf 1972

Adler, H.G., u.a. (Hrsg.):
Auschwitz, Zeugnisse und Berichte, Frankfurt 1962

Adler, H.G.:
Theresienstadt 1941 – 1945. Das Antlitz einer Zwangsgemeinschaft,
2. Aufl. Tübingen 1960

Adorno, T.W.:
Erziehung nach Auschwitz, in: Erziehung zur Mündigkeit,
Frankfurt/M. 1977, S. 88 ff

Anger, W.:
Das Dritte Reich in Dokumenten, Frankfurt/M. 1957

Ball-Kaduri, K.J.:
Zum Leben der Juden in Deutschland während des Zweiten Weltkriegs, in:
Zeitschrift für die Geschichte der Juden (Tel-Aviv) 10 (1973), S. 33 ff

Blanke, B.:
Theorien über den Faschismus, in: Gegenwartskunde 18 (1969), S. 309 ff.

Blau, B.:
Das Ausnahmerecht für die Juden in Deutschland 1933 – 1945, 3. Auflage,
Düsseldorf 1965

Bloch, Erich:
Geschichte der Juden von Konstanz im 19. und 20. Jahrhundert, Düsseldorf 1972

Broder, Henryk M.:
Deutschland erwacht – Die neuen Nazis – Aktionen und Provokationen, Köln 1978

Brand, M.:
Die jüdische Gemeinde in Hamm als Beispiel für die Geschichte der Juden in Deutschland, in: Der Märker 25 (1976), S. 83 ff.

Bracher, K.D.:
Die deutsche Diktatur. Entstehung, Struktur und Folgen des Nationalsozialismus,
3. Auflage, Köln/Berlin 1970

Bracher, K.D., W. Sauer, G. Schulz:
Die nationalsozialistische Machtergreifung, Neuausg. 3 Bde., Frankfurt/M. 1974

Breitling, R.:
Die nationalsozialistische Rassenlehre. Entstehung, Ausbreitung, Nutzen und Schaden einer politischen Ideologie, Meisenheim 1971

Buchenwald:
Mahnung und Verpflichtung. Dokumente und Berichte, Berlin 1960

Bullok, Allan:
Hitler, Frankfurt 1967

Demant, Ebbo (Hrsg.):
Auschwitz – „Direkt von der Rampe weg..." – Drei Täter geben zu Protokoll,
Reinbek 1979

Deutschkorn, Inge:
Ich trug den gelben Stern, Köln 1978

Dokumente:
zur Geschichte der Frankfurter Juden 1933 - 1945, hrsg. v. d. Kommission zur Erforschung der Geschicht der Frankfurter Juden, Frankfurt/M. 1963

Domarus, M.:
Hitler, Reden und Proklamationen 1932 – 1945, München 1965

Engelmann, Bernt:
Deutschland ohne Juden, Eine Bilanz, München 1970, 2. Aufl.

Fest, Joachim:
Hitler, Berlin 1973

Fleischmann, Lea:
Dies ist nicht mein Land – Eine Jüdin verläßt die Bundesrepublik, Hamburg 1980

Fliedner, H.J.:
Dokumentation zur Geschichte der Mannheimer Juden 1933 – 1945, 2 Bände,
Stuttgart 1971

Focke, Harald u. Uwe Reimer:
Alltag unterm Hakenkreuz Bd. 1. Wie die Nazis das Leben der Deutschen veränderten, Reinbek 1979

Focke, Harald und Uwe Reimer:
Alltag unterm Hakenkreuz Bd. 2. Alltag der Entrechteten – Wie die Nazis mit ihren Gegnern umgingen, Reinbek 1980

Frank, A.:
Das Tagebuch 12. 6. 1944 bis 1. 8. 1944, 33. Auflage, Frankfurt/Berlin 1971

5 Millionen Deutsche:
„Wir sollten wieder einen Führer haben . . ."
Die Sinus-Studie über rechtsextremistische Einstellungen bei den Deutschen
Reinbek 1981

Galinski, Dieter u.a. (Hrsg.):
Nazis und Nachbarn – Schüler erforschen den Alltag im Nationalsozialismus, Reinbek 1982

Gesetze des NS-Staates, zusammengestellt von U. Brodersen, Bad Homburg v.d.H. 1968

Ginzel, Bernd:
Hitlers Urenkel – Neonazis – Ihre Ideologien und Aktionen, Düsseldorf 1981

Grosser, Alfred:
Wie war es möglich, München 1977

Hamser, Martin:
Auf dem Heimweg – aus den Tagebüchern eines deutschen Juden 1929 – 1945, Bonn 1975

Heiber, Helmut:
Adolf Hitler, Berlin 1960

Höfken, Heinz-Werner und Martin Sattler:
Rechtsextremismus in der Bundesrepublik, 3. Auflage, Hamburg 1979

Hofer, Walther:
Der Nationalsozialismus – Dokumente 1933 – 1945, Frankfurt/M. 1981

Jäckel, Eberhard:
Hitlers Weltanschauung, Tübingen 1969

Klönne, A.:
Was heißt Faschismus? Versuch einer Begriffsbestimmung, in: Werkhefte 23 (1969), S. 275 ff.

Kogon, E.:
Der SS-Staat. Das System der deutschen Konzentrationslager, Frankfurt/M. 1959

Kolb, E.:
Bergen-Belsen (Geschichte des „Aufenthaltslagers" 1933 – 1945), Hannover 1962

Kühnl, Reinhard:
Deutschland zwischen Demokratie und Faschismus, München 1969

Lamm, H.: Das Schicksal der Juden Deutschlands 1933 – 1945, Erlangen 1951

Langbein, H.:
Menschen in Auschwitz, Wien/München 1972

Lepsius, Rainer:
Extremer Nationalismus, Strukturbedingungen vor der nationalsozialistischen Machtergreifung, Stuttgart 1966

Lersch, Paul:
Die verkannte Gefahr – Rechtsradikalismus in der BRD, Reinbek 1981

Lichtenstein, Heiner und M. Schmid-Ospach:
Holocaust – Briefe an den WDR, Wuppertal 1982

Loewenstein, Rudolph M.:
Psychoanalyse des Antisemitismus, Frankfurt/Main 1968

Massing, P.W.:
Vorgeschichte des politischen Antisemitismus, Frankfurt/M. 1959

Metzger, H.:
Kristallnacht, Stuttgart 1978

Meyer, Enno:
Juden und Judenfeinde. Einführung in die Geschichte der Juden von den Anfängen bis zur Gegenwart, Darmstadt 1966

Michelet, E.:
Die Freiheitsstraße, Dachau 1943 – 1945, 2. Auflage, Stuttgart 1960

Müller, H.:
Judenverfolgung 1933, in: Tribüne 11 (1972), S. 4641 ff.

Nolte, E. (Hrsg.)
Theorien über den Faschismus, 4. Aufl., Köln 1976

Norden, G. v.:
Nationalsozialistische Judenverfolgungen. Didaktische und methodische Überlegungen zu einem Unterrichtsproblem, in: Geschichte in Wissenschaft und Unterricht 21, 1970, S. 660 ff

Pingel, Falk:
Häftlinge unter SS-Herrschaft. Widerstand, Selbstbehauptung und Vernichtung im Konzentrationslager, Hamburg 1978

Pomorin, Jürgen und Reinhard Junge:
Die Neo-Nazis, Dortmund 1978

Pulzer, Peter G.:
Die Entstehung des politischen Antisemitismus in Deutschland und Österreich 1867 – 1914, Gütersloh 1966

Die Reichskristallnacht. Der Antisemitismus in der deutschen Geschichte, hrsg. v. Friedrich-Ebert-Stiftung, Bonn 1959

Reichmann, E.G.:
Die Flucht in den Haß. Die Ursachen der deutschen Judenkatastrophe, Frankfurt/M. 1956

Reitlinger, G.:
Die Endlösung, 2. Auflage, Berlin 1957

Rückerl, Adalbert:
Die Strafverfolgung von NS-Verbrechern 1945–1978 – Eine Dokumentation, Heidelberg/Karlsruhe 1979

Rückerl, Adalbert:
NS-Vernichtungslager im Spiegel deutscher Strafprozesse, 3. Auflage, Frankfurt 1979

Scheffler, W.:
Die nationalsozialistische Judenpolitik. Unterlagen für den Unterricht in Politik und Zeitgeschichte, Berlin 1960

Schöffling, Klaus:
(Hrsg.), Dort, wo man Bürcher verbrennt, Frankfurt 1983

Schoenberger, G.:
Der Gelbe Stern. Die Judenverfolgung in Europa 1933 – 1945, 2. Auflage, Hamburg 1961

Sella, Gad Hugo:
Die Juden Tirols – ihr Leben und Schicksal, Tel Aviv 1979

Shamir, H.:
Die Kristallnacht, die Notlage der deutsche Juden und die Haltung Englands, in: Jahbuch des Instituts für deutsche Geschichte (Tel Aviv), Bd. 1 (1979), S. 171 ff.

Silbermann, A., u.a.:
Latenter Antisemitismus in der Bundesrepublik Deutschland, in: Kölner Zeitschrift für Soziologie und Sozialpsychologie 28 (1976), S. 706 ff.

Sontheimer, Kurt:
Antidemokratisches Denken in der Weimarer Republik, München 1962

Suzmann, A./Diamond, D.:
Der Mord an sechs Millionen Juden. Die Wahrheit ist unteilbar, in: Aus Politik und Zeitgeschichte 30/78, S. 4 ff.

Tern, J.:
Juden in Deutschland, in: Tribüne 12 (1973), S. 5348 ff.

Trepp, Leo:
Das Judentum. Geschichte und lebendige Gegenwart, Reinbek 1970

Wellers, G.:
Die Zahl der Opfer der „Endlösung" und der Korherr-Bericht, in: Aus Politik und Zeitgeschichte 30/78, S. 22 ff.

Winkler, H.A.: Mittelstand, Demokratie und Nationalsozialismus, Köln 1972